LES COLONIES FRANÇAISES.

NOTICE

- SUR

L'INDE.

PUBLIÉ

PAR LE

Gouvernement des Établissements français dans l'Inde

1922

LES COLONIES FRANÇAISES.

NOTICE SUR

L'INDE.

TRICHINOPOLY :
ST. JOS EPH'S INDUSTRIAL SCHOOL PRESS.

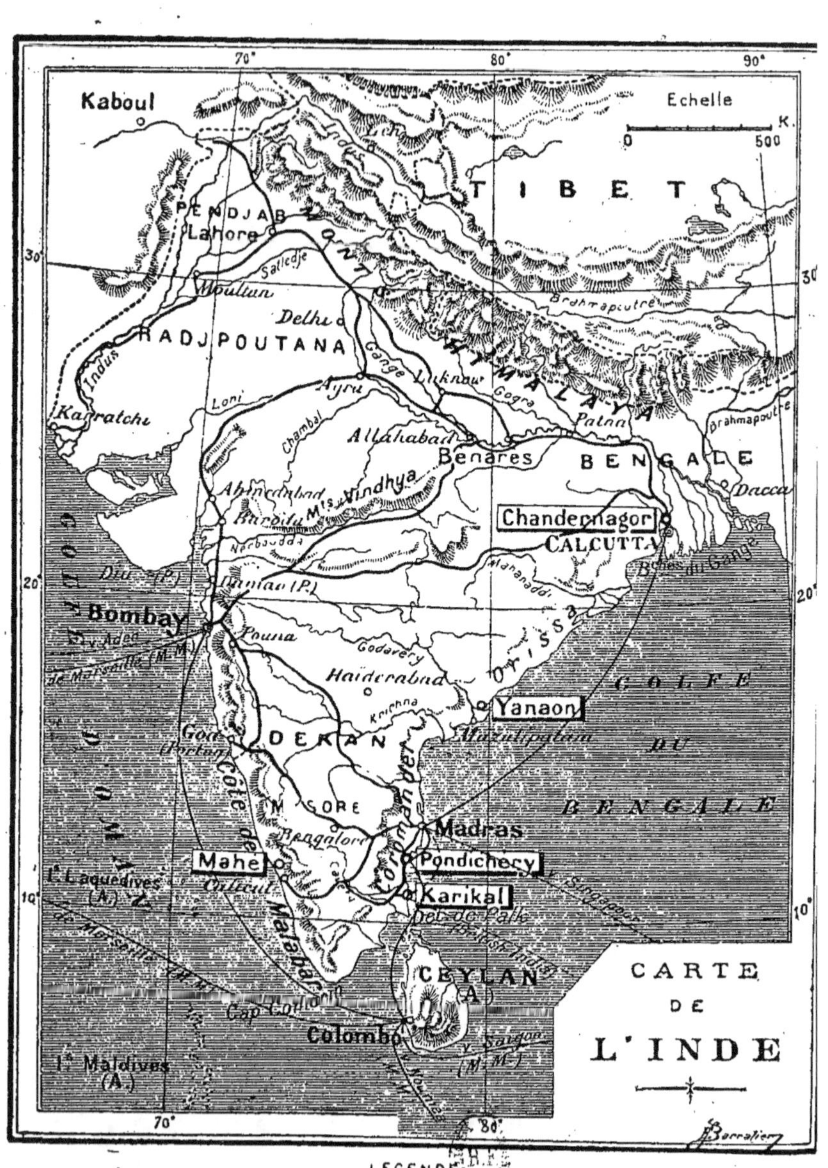
Kaboul
Echelle
K.
0   500
TIBET
PENDJAB
Lahore
ZONE
Moultan
Satledje
Delhi
RADJPOUTANA
HIMALAYA
Indus
Karratchi
Loni
Ayru
Gange
Lucknow
Gogra
Patna
Brahmapoutre
Brahmapoutre
Chambal
Allahabad
Benares
BENGALE
Ahmedabad
Mts Vindhya
Dacca
Bardita
Narbadda
Chandernagor
CALCUTTA
Diu (P.)
Damao (P.)
Mahanaddi
Bches du Gange
Bombay
Aden
de Marseille (M.M.)
Pouna
Godavery
Orissa
Haiderabad
GOLFE
Goa
(Portug.)
DEKAN
Krishna
Yanaon
Mazulipatam
DU
Côte de
Coromandel
BENGALE
Mysore
Bangalore
Madras
Mahé
Pondichery
Calicut
Karikal
L. Laquedives
(A.)
Côte de Malabar
det de Palk
de Marseille M.M
Singapoor
British India
CEYLAN
(A.)
CARTE
DE
L'INDE
Cap Comorin
Colombo
Saigon
(M.M.)
Vers Nossi-Bé
Is Maldives
(A.)
70°   80°
Berralieri

LEGENDE
Mahé   Etablissement français   (M.M.)   Messageries maritimes.
              Chemin de fer   Câble télégraphique.

—

HISTORIQUE
DES ÉTABLISSEMENTS FRANÇAIS
DANS
L'INDE.

La France conserve, sur les Côtes de Coromandel et de Malabar et au fond du golfe de Bengale, cinq territoires dont l'étendue totale représente à peine le quart du plus petit de nos Départements, dont la population, dense pourtant, n'atteint pas 300,000 habitants, pénétrés par des enclaves étrangères à un tel point qu'ils semblent comme de minuscules marbrures sur le grand corps anglo-indien, mais si attachés à la Mère-Patrie et à ses institutions, que, en dépit de cette hétérogénéité presque parodoxale, ils gardent un caractère particulier dont notre amour-propre national ne peut manquer de ressentir une véritable fierté.

Le cadre restreint de cette notice ne nous permet pas de retracer, autrement que d'une façon bien succinte, ce qu'on pourrait appeler l'épopée française aux Indes.

Sans appui de la Métropole qui ne les comprenait pas, quelques centaines de Français audacieux, sous la direction de Chefs comme Dupleix, La Bourdonnais, de Bussy, Lally-Tollendal, ont accompli des exploits qui comptent parmi les plus glorieux de notre histoire et donné, dans l'Inde, au nom français un prestige qui dure encore malgré les lourdes défaites qui ont suivi.

La France qui devait jouer au XVIIIeme siècle un si grand rôle aux Indes ne fut pas la première, parmi les nations européennes, à s'y installer.

Les Portugais y vinrent avec Diaz et Vasco de Gama; les Hollandais s'y installèrent peu après, subissant une attirance vers ce pays où la légende populaire se plaisait à imaginer l'existence de fabuleuses richesses à la portée de la main.

Il faut toutefois remonter à la première moitié du XVIeme siècle, en 1587, pour trouver trace à Paris d'une ébauche d'association entre négociants normands et parisiens pour commercer dans les Indes orientales.

Mais la situation politique en France se prêtait peu alors aux entreprises lointaines; François 1er et Charles-Quint se disputaient l'hégémonie européenne et l'Italie exerçait sur le roi-chevalier un irrésistible attrait—les guerres de religion vinrent ensuite ensanglanter le pays et le projet n'eut pas de suite.

La détente vint avec Henri IV et le sage Sully; débarrassée de ses luttes intestines, la France commençait, alors à regarder au dehors, et vers la fin du règne de Henri IV, sous l'inspiration du roi lui-même dont on connaît les vastes projets, des tentatives nouvelles furent faites en vue d'étendre aux Indes le commerce français; en 1604, le 16 Juin, des lettres patentes autorisaient la formation de la première Compagnie française appelée à jouir du privilège exclusif de la navigation et du commerce dans la mer des Indes.

La Compagnie se heurta, dès l'abord, à la jalousie des Hollandais tout puissants sur mer, et ne put armer un seul bateau, ses rivaux réussissant à empêcher le recrutement des équipages.

Deux négociants de Rouen pensèrent être plus heu_
reux et demandèrent le transfert d'un privilège dont
les bénéficiaires n'avaient pas su tirer parti.

Une entente intervint entre les rivaux, et, en 1615,
le roi Louis XIII délivrait des lettres patentes à une
compagnie dite " des Molluques " qui ne semble pas,
d'ailleurs, avoir abouti à un résultat · pratique, les
Hollandais étant parvenus encore une fois, à faire
échec à ses projets.

Quelques armateurs, agissant pour leur compte
particulier, visitèrent l'Inde à cette époque et en
revinrent avec de riches cargaisons. Tels furent le
Capitaine Lelièvre de Honfleur et les sieurs Beaulieü
et Rigault de Dieppe, mais les efforts restaient isolés
et stériles.

La faiblesse de notre commerce extérieur avait
toutefois frappé Richelieu qui, dès 1626, proclamait la
nécessité de la création de grandes Compagnies aptes
à se défendre contre les corsaires et " à poursuivre
leur justice jusqu'au bout ".

Le même Rigault se vit donc accorder en 1642
pour la Compagnie qu'il venait de former, le privilège
exclusif de commercer avec les côtes orientales de
l'Afrique, l'île de Madagascar et enfin les Indes orientales.

Mais il semble qu'une fatalité était attachée à nos
projets d'extension outre-mer, Richelieu " dont l'intel-
ligence, dit A. Thierry, comprenait tout, dont le
génie pratique n'omettait rien...... " s'y intéressa
seulement l'année même de sa mort, et son successeur,
pour habile diplomate qu'il fût, n'avait pas sur l'avenir
et la prospérité du pays les hautes vues qui ont fait
si grand dans l'histoire le Conseiller de Louis XIII,

La nouvelle Compagnie végéta en face de ses rivaux portugais et hollandais auxquels venaient de se joindre les Anglais, tous établis sur les Côte de Coromandel, de Malabar et d'Orissa.

Les résultats obtenus étaient cependant bien encourageants et, pour être restée en dehors de cette action, la France se trouvait tributaire de ses voisins au point de vue de certaines denrées indispensables et sa marine marchande périclitait, sans frêt et sans point d'appui.

En 1664, Colbert venait d'arriver au pouvoir et avait repris à son compte les idées de Richelieu. Une nouvelle Compagnie fut créée au capital de 15 millions de livres ; en réalité 8,179,885 livres seulement furent versées par les souscripteurs, tous de petite bourgeoisie et de noblesse, auprès desquels le pouvoir royal exerça une propagande énergique.

Le Gouvernement royal accorda à l'entreprise, par l'article 46 de sa Charte, une prime de 50 francs par chaque tonneau de marchandise exportée du royaume à destination des Indes et s'engagea à l'indemniser des pertes qu'elle pourrait subir pendant les dix premières années de son établissement. L'affaire semblait entrer dans une phase nouvelle ; la France était en pleine puissance ; son jeune roi, entouré d'habiles Conseillers, semblait avoir attaché la fortune à son service ; l'expédition partit.

Les premiers efforts de la Compagnie naissante se portèrent sur le Guzerate et la Côte Malabar.

Chargé de diriger cette première expédition, Caron s'établit tout d'abord à Surate, où se trouvaient déjà les autres nations européennes et qui semblait le point le plus propice à un établissement. Les

Hollandais, notamment, avaient formé, dès 1602, leur puissante Compagnie des Indes qui s'était assurée le monopole presque exclusif du commerce des Indes Orientales et distribuait à ses actionnaires des revenus moyens de 30 à 40%; en 1606, le dividende était même monté jusqu'à 75%.

En face de concurrents aussi redoutables, Caron qui s'était vu d'ailleurs concéder par le Grand Mogol les privilèges consentis aux Hollandais et aux Anglais, faisait piètre figure, il songea bien vite à porter ailleurs son activité.

Les trois directeurs de la Compagnie, Caron, Blot et Baron, profitèrent donc, vers la fin de l'année 1671, de l'arrivée de l'escadre de de la Haye, envoyée par Louis XIV, pour chercher, sur la Côte Orientale de l'île de 'Ceylan, à Trinquemalé, un point propice à un nouvel établissement. L'escadre arriva, le 22 Mars 1672, en vue de cette ville et fut désagréablement surprise de la trouver occupée par les Hollandais qui s'y étaient déjà fortifiés. De la Haye dut se contenter de construire quelques fortifications dans deux îlots de la baie où il s'était provisoirement établi, et cingla vers un point de la Côte de Coromandel appelé Tranquebar où se trouvaient les Danois.

Dans cette ville, l'Amiral apprit que l'état de guerre régnait avec la Hollande, il vint alors s'embosser devant St. Thomé, débouché de tout le commerce de Golconde et de Vizapoor, s'empara de la ville par une attaque des plus audacieuses et s'y établit.

Mais de la Haye était trop autoritaire pour donner aux affaires de la Compagnie une direction conforme aux intérêts bien entendus de notre pays. Malgré les instances de François Martin, l'un des principaux agents de la Compagnie, il refusa de ratifier un projet de traité que celui-ci, avec une habileté extrême, avait réussi à signer avec le roi de Golconde.

Les Hollandais avertis de ce qui se passait, parvinrent à s'emparer de l'esprit de ce roi et, d'accord avec lui, investirent St. Thomé par terre et par mer. Après une résistance acharnée, de la Haye fut obligé de capituler au bout de 26 mois de siège, le 6 Septembre 1674.

Quelques jours après, de la Haye s'embarquait pour la France après avoir perdu toute sa flotte et la plus grande partie des hommes qui lui avaient été confiés.

Ce qui restait de la petite Colonie française porta alors ses vues sur un point situé un peu au Sud de St. Thomé et, sous la direction de François Martin, la ville de Pondichéry fut créée en 1674.

La cession du territoire fut faite par le Radjah de Gingy, qui relevait du royaume de Vizapoor et cette cession confirmée quelque temps après par le roi de Vizapoor lui-même. Martin s'établit solidement dans son nouveau territoire et réunit autour de lui tous les Français en détresse tant à Ceylan qu'à St. Thomé ; en 1680, de nouvelles factoreries furent fondées sur la Côte de Coromandel, notamment celles de Mazulipatam, Tilsery, Soyapour, et abandonnées d'ailleurs presqu'aussitôt en raison, sans doute, de difficultés financières. En 1680, c'est-à-dire 16 ans après la fondation de la Compagnie, les seuls établissements Français des Indes Orientales se trouvaient être encore ceux de Pondichéry et de Surate.

Le privilège accordé à la Compagnie était d'ailleurs, en France, l'objet de vives critiques.

Colbert lui-même qui soutenait celle-ci de tout son

pouvoir estimait que l'entreprise, pour subsister, devait se contenter du rôle d'intermédiaire, les commerçants désireux de trafiquer dans l'Inde devant utiliser ses services et les payer par un pourcentage prélevé sur leurs affaires.

Les actionnaires, privés de dividendes, avaient perdu toute confiance et l'échec de Saint Thomé avait porté un coup sévère au prestige de la Compagnie qui tenta de se relever en cherchant de nouveaux débouchés ; le Chevalier de Forbin fut envoyé au Siam et conclut avec le souverain de ce pays un traité de commerce avantageux ; d'autre part, la Compagnie, obtenait, en 1683, du roi de Batam, l'autorisation de fonder un comptoir dans son royaume. L'année suivante enfin elle prenait pied dans le Bengale.

Le Nabab Ibrahim-Jafferkhan, sur les instances d'un agent de la Compagnie, M. Duplessis, l'autorisait à s'établir à Balassore, à l'embouchure du Gange.

La situation de la loge de Balassore ne parut pas, toutefois, favorable à la Compagnie ; en 1690, M. Deslandes se rendait à nouveau auprès du Nabab et la Compagnie devenait, peu après, propriétaire dans le village de Boroguichompor, sur les rives de l'Hoogly, d'un terrain de 61 bigas qui devint notre Etablissement de Chandernagor.

En prenant pied au Bengale, la Compagnie portait à nouveau ombrage aux Hollandais qui y tenaient depuis longtemps déjà. Le Nabab ne céda pas, toutefois, aux intrigues par lesquelles nos rivaux s'efforcèrent de nous desservir auprès de lui ; dans un " paravana " solennel, l'autorisation fut confirmée et ordre fut donné à tous les officiers de protéger les Français dans leur commerce et dans leur industrie.

Malheureusement, la guerre entre la France, d'un côté, la Hollande et l'Angleterre réunies, de l'autre, éclata en 1689. La France avait besoin de toutes ses forces pour lutter en Europe contre cette puissante coalition. Duquesne vint bien au secours de Pondichéry avec 3 vaisseaux et quelques troupes de débarquement, mais la ville ne put résister aux attaques répétées des Hollandais et, après une défense héroïque, Martin dut capituler en 1693.

La ville nous fut rendue par le traité de Ryswick en 1697 et tous nos droits au Bengale confirmés, l'année suivante, par un firman du Grand Mogol. Mais la situation de la Compagnie n'était pas brillante, elle dut se borner à suivre les conseils précédemment donnés par Colbert et rétrocéder ses droits à des marchands, moyennant un pourcentage sur les affaires. Elle abandonna donc toutes ses factoreries sauf Pondichéry, Chandernagor et Surate. Pondichéry devint alors le Chef-lieu des Etablissements français.

La guerre de la succession d'Espagne remit aux prises la France avec l'Angleterre et la Hollande. Jusqu'à la paix qui ne fut signée qu'en 1713, à Utrecht, les Etablissements français dans l'Inde ne furent point attaqués ; mais le commerce y fut languissant, la Compagnie rétrocéda, pour une durée de sept années, son monopole à une association de négociants de Saint-Malo, et put ainsi éviter la banqueroute et donner même quelques dividendes à ses actionnaires.

Le succès des Malouins fut d'ailleurs de courte durée et, au bout de trois ans, ils abandonnèrent eux-mêmes la partie. Jusqu'en 1720, les relations commerciales entre la France et l'Inde cessèrent à peu près complètement.

La Compagnie qui avait foi, sans doute, dans un avenir plus heureux, demanda au Roi en 1717, la prorogation de son contrat qui était sur le point d'expirer. Elle devait, en effet, bientôt connaître de meilleurs jours. En 1719, le financier Law jetait les bases de la fameuse Compagnie des Indes qui faisait partie de son système financier. La Compagnie des Indes Orientales fut incorporée dans la nouvelle société. Dumas fut envoyé aux Indes et, sous son administration sage et habile, le commerce de la Compagnie prit un essor inconnu jusqu'ici. L'acquisition de Mahé, où croissaient le poivre, la noix muscade et d'autres épices, accrut notablement le champ d'action de la Compagnie. Le pavillon français flotta sur le golfe Persique, la Mer Rouge, les deux côtes de Coromandel et Malabar, à Manille, et une foule d'autres lieux que l'activité restreinte de l'ancienne Compagnie n'avait jamais pu fréquenter.

C'est encore Dumas qui obtint, en 1738, la concession du territoire de Karikal, tel que nous le possédons encore aujourd'hui et se vit accorder, quelques années plus tard, par l'empereur Mahomed Shah le droit de battre monnaie à Pondichéry.

Ce privilège, Dumas l'obtint à la suite d'un acte de loyauté qui mérite d'être relaté.

Le Nabab Daoust-Alikhan, battu le 20 Mai 1740 par les Maharattes dans la sanglante bataille du Kanamy, avait été tué pendant le combat ; quelques jours après, sa veuve et toute sa famille, se présentaient aux portes de Pondichéry en demandant asile et protection. Dumas fit entrer les réfugiés dans la ville et, bien qu'une armée de cent mille Maharattes s'avançât menaçante sur Pondichéry, il refusa de s'incliner devant les menaces et les injonctions qui lui furent faites.

Voici la lettre de Dumas en réponse à une lettre comminatoire de Ragodji-Bouns, lah-Sena-Saheb-Soubab qui commandait l'armée des Maharattes :

« Tant que les Mogols ont été les maîtres de ce » pays, ils ont traité les Français avec les égards dus » à une des plus illustres nations du monde. Nous » nous faisons gloire aujourd'hui d'être l'appui de nos » bienfaiteurs. Il n'est pas dans le caractère français » d'abandonner des femmes, des enfants, pour les » voir impitoyablement massacrés. La femme et le » fils de Chandar-Saheb sont à Pondichéry sous la » protection du Roi, mon maître ; tout ce qu'il y a de » Français dans l'Inde perdrait plutôt la vie que de » vous les livrer.

« Vous me dites que depuis 40 ans nous devons un » tribut à votre Souverain. Jamais la Nation Fran- » çaise n'a été tributaire de la vôtre ; il m'en coute- » rait la tête si le Roi de France, mon maître, appre- » nait que j'ai pu écouter la proposition d'une rede- » vance.

« Vous avez ordre, dites-vous, de vous emparer des » forts de Gingy et de Trichinopoly. Je ne m'y » oppose pas, si ce voisinage n'est pas pour vous une » occasion de devenir notre ennemi.

« Vous me menacez, si je ne me conforme pas à » votre demande, d'envoyer votre armée contre nous » et d'y venir vous-même. Je me prépare de mon » mieux à vous recevoir, résolu que je suis à défen- » dre la Place jusqu'à la dernière extrémité.

« Je mets du reste ma confiance dans le Dieu Tout- » Puissant devant lequel les plus formidables armées

» sont comme la paille légère que le vent emporte et
» dissipe de tous côtés ; j'espère qu'il favorisera la
» justice de notre cause.»

Cette attitude courageuse et digne déconçerta à tel
point les Maharattes qu'ils se retirèrent sans insister
autrement. Ces procédés généreux envers une famille
malheureuse valurent, quelque temps après, à Dumas,
en outre du droit de frapper monnaie, plusieurs
aldées des environs de Pondichéry, qui lui furent con-
cédées par le Nabab d'Arcot rétabli dans ses Etats.

Durant l'administration de Dumas, le commerce de
la Compagnie atteint une importance inconnue jusque
là. Pondichéry devient, sous sa direction, un centre
commercial extrêmement actif et le prestige français
grandit dans toute l'Inde.

Ce prestige, Dumas avait imaginé de l'accroître en
intervenant en faveur des chefs indigènes contre les
Mahrattes envahisseurs. De son époque date l'institu-
tion du corps des cipayes qui, sous le commandement
de soldats français, guerroya dans tout le Sud de la
péninsule.

Vers la même époque, M. Diroir, envoyé à Chandernagor en remplacement de M. Dardancourt décédé
arriva au Bengale avec un programme analogue à celui
que Dumas avait entrepris avec tant de succès à Pondichéry. Le territoire de Chandernagor, borné à la seule
aldée de Boroguichompor, se trouva bientôt peuplé d'indigènes de toutes professions, l'emplacement devenant
insuffisant la Compagnie acquit l'aldée attenante de
Choknosirabad et s'établit, enfin, à Dacca, en vue de la
fabrication des jolies mousselines qui jouissaient, déjà, à
cette époque, d'une renommée universelle. Divers petits
territoires et une factorerie furent achetés en 1726.

Lorsque Dupleix vint, en 1730, remplacer Diroir, l'établissement de Chandernagor était en pleine prospérité et le commerce français florissait dans tout le Bengale.

Duploix, né à Landrecies, le 1er Janvier 1697, était fils d'un des Directeurs de la Compagnie ; il avait parcouru l'Inde à un âge où se dessinent les vocations et avait, sans doute, entrevu le rôle immense que la France pouvait y jouer.

Possesseur d'une fortune énorme pour l'époque ; à la fois audacieux et prudent, le nouveau Directeur du Comptoir de Chandernagor se consacra tout entier à sa tâche.

Le nouveau Port, l'Arsenal, les Magasins furent construits et aussi le fossé qui, tout en l'assainissant, préservait la Colonie des maraudeurs.

Dupleix étendait aussi son rayon d'action, fondait en 1732 la loge de Patna ; en 1736, celle de Yougdia : développait l'Etablissement de Siriam dans le royaume du Pégou ; et armait jusqu'à 15 bateaux qui portaient des produits jusque dans les régions les plus éloignées du pays ; le golfe Persique l'attirait également ; il y envoyait, en 1738, M. Bourdale de Beaumont qui y fondait l'Etablissement de Bendarabassy sur le détroit d'Ormur.

En 1742, Dupleix, en pleine faveur, était appelé à Pondichéry en qualité de Directeur Général. De graves événements politiques bouleversaient l'Inde, l'empire Mongol était à son déclin. Shah Nadir venait de s'emparer de l'empereur Mohomed Shah et le démenibrement de l'Inde commençait ; le pays, déchiré par les factions ne connaissait plus ni direction, ni autorité, les terres restaient incultes et la famine régnait dans certains districts. Grand corps sans âme, l'Empire s'effritait, et c'est alors que deux Compagnies de marchands s'érigèrent en puissances sur les débris de l'empire Mongol.

Avec une habileté à laquelle ses ennemis, eux-mêmes, ont rendu hommage, Dupleix réussit à se créer des alliés puissants. L'appui qu'il leur donna contre leurs compétitions lui assura l'amitié du Soubab du Deccan et du Nabab du Carnate.

En son nom, de Bussy obtenait, pour la Compagnie, l'île de Siringham sur le Cavéry, les terres de Nizam, Patnam, Gonoudour, Allimmannar, Dewacotè, portées sur les registres de l'Etat pour un revenu annuel de plus de 500,000 Roupies ; le Soubab du Deccan lui avait déjà cédé le territoire de Mazulipatam et l'île de Dewy ; en 1753, il se faisait concéder une étendue considérable de territoire connue sous le nom de " Circars du Nord," s'étendant sur une longueur de 350 milles le long des côtes de Coromandel et d'Orissa et une profondeur de 20 milles environ. Les revenus annuels qu'on en tirait se montaient à quatre millions trois cent mille roupies. C'est de cette époque que date, également, la fondation des comptoirs de Nizampatnam, Ingeram, Vizagapatnam, Bimlipatnam et Nazapour.

Cependant, l'état de guerre existait d'une façon presque constante entre la France et l'Angleterre.

En 1748, une puissante escadre anglaise vint mettre le siège devant Pondichéry. La résistance fut héroïque et des prodiges de valeur furent accomplis par les assiégés qui, après 59 jours de siège, dont 38 de tranchée-ouverte, forcèrent les Anglais à la retraite. Le triomphe des Français aurait été complet s'ils n'avaient eu à déplorer la mort de l'illustre Paradis, ce chef que tous les soldats blancs ou noirs suivaient au pas de course en criant : " Paradis jusqu'en enfer ".

Sur mer, la Bourdonnais obtenait des succès contre les Anglais et s'emparait même de Madras en 1766.

Le succès de Dupleix semblait donc complet, il le devait à son ascendant personnel, à celui de sa femme, originaire du Bengale, qui connaissait la plupart des dialectes de l'Inde et était une précieuse conseillère.

Malheureusement, les deux hommes qui, à des titres différents, méritaient toute la reconnaissance du pays, Dupleix et La Bourdonnais, ne s'entendaient pas. La Bourdonnais, marin et guerrier plein de valeur, luttait d'influence avec Dupleix qui prétendait obtenir plus en négociant qu'en combattant. Le Gouvernement de Louis XV crut devoir prendre parti en destituant La Bourdonnais. La Compagnie en commit une seconde en rappelant Dupleix au moment où la fortune semblait enfin nous sourire. Tous les deux moururent en disgrâce.

Dupleix complètement ruiné eut la douleur d'assister à la désagrégation de l'empire colonial qu'il avait rêvé de donner à la France ; raillé par la cour et l'opinion publique mal renseignées, il se vit par une singulière ironie accusé de prodigalité, lui qui avait tout donné pour sa cause et qui, jusqu'à sa mort, plaida contre la Compagnie à laquelle il avait tout sacrifié.

A la décharge de la Compagnie, il convient de noter que, si l'Administration de Dupleix fut plus brillante que celle de ses prédécesseurs, elle ne donna pas des résultats financiers aussi heureux que la sage administration de Dumas. Dupleix dut faire face à des dépenses énormes pour soutenir la lutte contre ses rivaux et faire aboutir les projets grandioses qu'il avait conçus. Cette politique pleine d'avenir, les commerçants qui composaient le Conseil de la Compagnie ne la comprenaient guère et ils lui auraient préféré une politique de réalisation immédiate, permettant une distribution de copieux dividendes aux actionnaires.

Quant au pouvoir royal qui aurait pu suivre Dupleix et lui faciliter sa tâche, il se lassa vite d'une lutte dont il n'entrevoyait pas l'issue et abandonna la partie.

La Compagnie anglaise des Indes Orientales profita de toutes les fautes commises par la Cour de Versailles et la Compagnie française elle même.

Les Anglais avaient envoyé aux Indes des administrateurs habiles comme Warren Hastings, des hommes
de guerre consommés comme Clive, qui surent nouer
des alliances avec les Princes de Tanjore et du
Mysore et former une coalition funeste à notre puissance.

En 1754, un des Administrateurs généraux de la
Compagnie, Godeheu, arriva à Pondichéry pour
remplacer Dupleix, il était porteur d'instructions en
opposition formelle avec la politique suivie par son
prédécesseur. On voulait la paix à tout prix et dès
son débarquement, Godeheu écrivit à M. Senders,
Gouverneur de Madras, une lettre dans laquelle il
lui disait : « Je suis venu dans la sincère intention de
» pacifier les troubles de l'Inde et, sans m'écarter de
» ce que je dois à l'honneur de ma nation, de donner
» l'exemple de la modération et de l'équité et changer
» enfin le théâtre d'une guerre qui a déjá coûté tant
» de sang, en un séjour de paix, de sûreté et de
» commerce.»

Une suspension d'armes de 3 mois fut réglée. Il
fut convenu entre les agents des deux Gouvernements
que les deux nations renonceraient pour toujours à
tout gouvernement et à toute dignité asiatiques ;
qu'elles ne se mêleraient plus désormais aux querelles
des princes du pays ; qu'elles livreraient au Gouvernement de l'Empire toutes les places prises pendant la
guerre, excepté celles qu'on conviendrait de laisser au
pouvoir de chaque Compagnie.

Une semblable trêve ne pouvait être de longue
durée. Elle fut en effet rompue 2 ans après.

En 1755, Sara-Jak-al-Dowlah, Nabab du Bengale, à
la suite de démêlés avec les Anglais, attaqua tous les

Etablissements que ceux-ci possédaient dans ses Etats ; il prit et saccagea Calcutta et offrit au Directeur de la Compagnie française de Chandernagor, M. Renauld de St.-Germain, de lui donner cette ville et ses dépendances, aux mêmes conditions que la Compagnie possédait Pondichéry, c'est-à-dire en toute souveraineté. En échange de ce don, il lui demandait de se joindre à lui dans sa lutte contre les Anglais. M. Renauld de St.-Germain ne crut pas devoir accepter les offres du Nabab de Bengale et c'est ainsi que la France laissa encore une fois échapper l'occasion de conquérir les Indes Orientales à son influence. En effet, les Anglais n'avaient à cette époque qu'une armée de 2,000 soldats européens et de 5,000 cipahis tandis que le Nabab disposait de 60,000 hommes et de 300 pièces de canons. Commandée par des officiers français, cette armée serait facilement venue à bout des troupes anglaises, la puissance militaire de nos rivaux eut été ainsi annihilée et notre influence assurée dans le Bengale pour de longues années.

Le refus de M. Renauld de St.-Germain permit aux Anglais de se ressaisir. L'amiral Watson et le Colonel Clive, qui se trouvaient à Madras au moment de la prise de Calcutta, partirent immédiatement avec 2,000 hommes pour le Bengale, où ils arrivèrent au commencement de janvier 1756, et débarquèrent à Calcutta. Le Nabab, dans l'impossibilité de se défendre, se retira vers le nord et fit de nouvelles propositions d'alliance à M. Renaud de Saint-Germain ; ce dernier restant indécis, le Nabab, fatigué de cette irrésolution, attaqua les Anglais et fut battu.

Le traité qu'il fut contraint de signer, confirmait les Anglais dans toutes leurs anciennes possessions et tous leurs anciens privilèges et leur accordait en outre de nouveaux domaines.

Se tournant alors vers Chandernagor, l'amiral Watson fit part à M. Renaud de Saint-Germain de la déclaration de guerre entre la France et l'Angleterre et somma Chandernagor de se rendre.

La ville attaquée le 21 mars 1757 se rendit deux jours après, la perte de l'influence française dans le Bengale était consommée.

Cependant, les Anglais ne pardonnaient pas au Nabab du Bengale d'avoir détruit Calcutta. Ils promirent à son parent Meer-Jaffier de le placer sur le trône de Sara-Jack-Daowlack, s'il voulait se rallier à leur cause.

L'offre fut acceptée ; attaqué par les Anglais le 23 juin 1757 et battu à la bataille de Plassey, le malheureux Nabab, trahi par les siens, fut pris quelque temps après et assassiné dans sa prison.

La perte de Chandernagor et celle des autres établissements du Bengale furent les avants-coureurs des désastres qui devaient frapper les Français sur la côte de Coromandel.

Godeheu avait été remplacé à Pondichéry, dans ses fonctions de Directeur par Duval-Deleyrit. En 1758, le comte de Lally Tollendal fut envoyé à Pondichéry en qualité de Lieutenant-Général. Dès son arrivée, à cause du caractère ombrageux et hautain du premier, la discorde se mit entre le Lieutenant-Général et le Directeur. Celui-ci refusa les munitions et le matériel nécessaire pour pousser le siège du Fort Saint-David commencé par Lally après la prise de Goudelour.

Duval-Deleyrit refusa également au Comte d'Aché, qui commandait notre flotte, les mâtures, les agrès et les vivres nécessaires à l'entretien de ces navires, de

telle sorte que l'amiral français dut abandonner Pondichéry.

Quoique dénué de tout, Lally conçut le hardi projet
d'attaquer l'ennemi au coeur même de ses opérations.
Il marcha audacieusement sur Madras et, après des
prodiges de valeur, s'empara de la ville noire. Mais,
manquant d'artillerie de siège, il ne parvint pas à
réduire le Fort Saint-Georges et l'apparition d'une escadre anglaise venant de Bombay l'obligea à une
retraite qu'il effectua le 17 février 1759.

Sur ces entrefaites, Bussy qui s'était maintenu
dans les Circars du Nord fut rappelé dans le Carnate.
Ce fut l'une des plus grandes erreurs de Lally. Les
Anglais en profitèrent pour s'emparer des Circars ; le
Carnate lui-même ne put être défendu et peu à peu,
cette Province tomba au pouvoir de l'ennemi. Malgré
des efforts inouïs, manquant de ressources et d'hommes,
Lally se vit forcé d'abandonner tous les postes et de
se retirer aux environs de Pondichéry.

En 1760, il se vit même contraint de se jeter dans
la ville, qui fut immédiatement assiégée par une armée
de 16,000 hommes, pendant que deux escadres la blo-
quaient du côté de la mer. Dans ce péril extrême, les
divisions qui existaient entre le Directeur et le Général
auraient dû cesser. Au contraire, elles ne firent que
s'accentuer et les Anglais purent dicter des conditions de capitulation ļqui ruinaient à jamais notre
prestige.

Le colonel Coote qui commandait l'armée anglaise,
entra dans la ville le 17 janvier 1761. Pondichéry fut
entièrement détruit par droit de représailles, comme
l'avait été, deux ans auparavant, le Fort Saint-David.

Lally retourna en France où il paya de sa tête des

fautes et des trahisons qu'il n'avait pas commises. La droiture hautaine et violente de son caractère et son horreur d'une vénalité qu'il voyait partout autour de lui, furent les causes principales de ses malheurs.

Après la prise de Pondichéry, toute l'administration française, ainsi qu'une partie des habitants européens furent transportés en Europe où ils restèrent jusqu'en 1765, époque à laquelle ils furent renvoyés dans l'Inde pour y reprendre possession des Etablissements rendus à la France en vertu du Traité de 1763.

Ce traité disait dans son article II que : " l'Angleterre restituerait à la France dans l'état où ils se trouveraient, les différents comptoirs que cette couronne possédait, tant sur la Côte Coromandel et d'Orissa que sur celle de Malabar et au Bengale, au commencement de l'année 1749."

Les possessions françaises se trouvaient ainsi réduites aux territoires acquis par Dumas et la France laissait aux mains des Anglais ou de leurs alliés les îles de Sirangham et de Dewiji, les quatre Circars du Nord, dix lieues de territoire aux environs de Pondichéry, les quatre Maganoms de Karikal, etc., etc.

Par ce traité, disparut la puissance française dans les Indes ; celle des Anglais, au contraire, s'accentua d'une façon formidable.

Au Bengale, où en 1755 les Anglais ne possédaient que le petit territoire de Calcutta, leurs possessions avaient acquis en 1763, une superficie de 179,466 milles carrés, donnant un revenu annuel de 3,427,916 livres sterlings.

Après le traité de 1763 qui restituait à la France une partie de ses Etablissements dans l'Inde, la Compagnie se vit à nouveau concéder, sur sa demande, par le Gouvernement, les privilèges qui lui avaient été précédemment accordés.

En 1765, Law de Lauriston arriva à Pondichéry pour prendre possession des Etablissements restitués. Il se rendit également dans le Bengale pour surveiller la remise de Chandernagor.

Son premir soin, en arrivant au Bengale, fut de demander au Conseil de Calcutta la remise des archives de la Compagnie, transportées à Cassimbazar quelques jours avant la prise de Chandernagor. Dans ces archives se trouvaient tous les titres de propriété, privilèges concédés par les Nababs du pays. Ces papiers ne rentrèrent jamais en la possession de la Compagnie.

M. Law de Lauriston s'occupa de reconstituer nos loges du Bengale qui, à cette époque, étaient : Cassimbazar, Decca, Balassore, Patna et Yougdia. Ces loges lui paraissant insuffisantes, il en fonda d'autres de second rang qui furent : Chopur, Kipaye, Canicola, Mounepour, Santipour et Malda. Malheureusement, elles étaient trop petites et ne remplirent pas le but que s'était proposé la Compagnie.

Les Anglais ne tardèrent pas d'ailleurs à mettre tout en œuvre pour entraver la réorganisation de la Compagnie française.

Dans ces conditions, le commerce de la Compagnie ne fit que décliner. Sur les conseils de Choiseul, le roi suspendit donc tous ses privilèges et accorda aux sujets français la faculté de négocier librement dans les mers au-delà du Cap de Bonne-Espérance, en se munissant des passe-ports du Ministre de la Marine. Ce fut l'abbé Morellet, en 1769, qui présenta sur la situation de la Compagnie un mémoire au Roi et

dans ce mémoire il concluait ainsi : « Le commerce
» libre peut s'établir, se soutenir dans l'Inde et pro-
» curer au Royaume tous les objets de sa consom-
» mation avec plus d'abondance, de facilité et de bon
» marché que n'avait fait jusqu'à présent le Com-
» merce exclusif de la Compagnie."

La liquidation de la Compagnie des Indes fut la
suite naturelle de la suspension de ses privilèges. Elle
fut ordonnée par le Conseil du Roi et, après de longues
délibérations au Parlement, par un arrêt en date du
29 septembre 1771.

En 1768, le commerce français reprit une certaine importance, malgré les vexations continuelles des Anglais.
Mais en juillet 1778, la guerre entre les deux pays
éclata de nouveau et, sans coup férir, les Anglais
s'emparèrent de tous les Etablissements du Bengale.
de Yanaon, de Mazulipatam et de Karikal. Le siège
de Pondichéry fut entrepris par eux et, après une
défense honorable du Gouverneur, M. de Bellecombe,
la place se rendit le 18 septembre de la même année.

La guerre de 1778 ne fut cependant pas aussi funeste
à la France que celle de 1756. Bien que tous nos Etablissements aient succombé par surprise à une attaque
des Anglais, le succès du bailli de Suffron et ceux de
M. de Bussy, firent naître l'espoir de revoir les beaux
jours de Dupleix et de La Bourdonnais.

Le 13 juin 1782, Bussy, par une marche hardie,
s'empare de Goudelour, après une bataille acharnée.
L'escadre de l'amiral anglais Hughes, qui tenta de
l'y bloquer, fut attaquée elle-même, le 20 juin, par le
bailli de Suffron et obligée de se retirer. Dans la suite,
notre flotte livra aux Anglais trois autres combats
dans lesquels elle eut l'avantage et le bailli de Suffron

s'empara de Trinquemalé, dans l' île de Ceylan, après un blocus de trois jours.

Malgré tous ces succès, le traité de Versailles du 20 janvier 1783 ne nous accordait aucun des avantages que nos victoires nous auraient donné le droit d'espérer ; il nous remit purement et simplement en possession des territoires que nous possédions avant la déclaration de guerre.

En 1784, Louis XVI envoya du personnel administratif pour gérer les Etablissements qui nous avaient été restitués. Le vicomte de Souillac fut nommé Gouverneur de tous les Etablissements au-delà du cap de Bonne-Espérance ; le comte Conway, Gouverneur de Pondichéry, et M. Dangereux, Agent pour le Roi au Bengale.

La remise des territoires se fit, mais les vexations des Anglais ne tardèrent pas à recommencer. Au Bengale, ils dénièrent à la France le droit d'arborer le pavillon sur les petites loges et ils empêchèrent nos vaisseaux de remonter l'Hoogly.

Une lettre très intéressante fut écrite par M. Dangereux au Commissaire anglais M. Wilson, le 4 janvier 1786. Voici cette lettre :

« Je vais vous nommer, Monsieur, par rang, les » Etablissements qui me sont particulièrement désignés » comme devant nous être rendus purement et simple- » ment, sans changement, ni altération. »

Patna.—Le premier, regardé dans tous temps, comme le plus important, a été toujours commandé par un chef. Les privilèges accordés à la nation par les princes du pays, ont sans cesse été protégés et maintenus par notre pavillon dans cette ville. Les terrains de Singuia et Chapra sont entièrement dépen-

dants de Patna et les Résidents de ces deux endroits
où nous faisions le salpêtre et beaucoup d'autres
marchandises, étaient et doivent être sous les ordres
du Chef de Patna.

Nos titres à l'égard de cet Etablissement principal
sont consignés dans vos archives comme dans les
nôtres et le Conseil supérieur de Calcutta n'a jamais
disputé le titre de chef à la personne qui à été envoyée
pour le service de sa Majesté Très-Chrétienne.

« M. Law de Lauriston avait été employé lui-même
» pendant plusieurs années en cette qualité et il en
» reçut la restitution en 1765. Il est vrai que nous
» n'y possédons pas actuellement de terrains en pro-
» pre, notre ancienne maison ayant été abattue, mais
» depuis la reprise de possession en 1765, notre pavil-
» lon a été constamment arboré sur celle que nous
» tenions à loyer comme nous le ferons jusqu'à ce
» que nous ayons acheté un terrain.

« Cassimbazar.—C'est notre second comptoir. La
» nation française a le droit d'y battre monnaie ; c'est
» un privilège qu'elle a payé et dont elle a joui sans
» interruption jusqu'à la guerre de 1757 (1).

« Balassore est le troisième sur lequel vous n'élèverez
» aucun different.

« Yougdia est le quatrième qui ne doit point éprouver
» de difficultés de votre part.

« Dacca, le cinquième dans la dépendance duquel se
» trouve le Gouje de Norandi dans la ville ; Toogau où
» sont nos blanchisseries et Sirampoor où nous avons
» une possession où le chef de Dacca plaçait un agent.

---

1. M. Dangereux se trompait en affirmant que la France avait le
droit de battre monnaie à Cassimbazar. Tel ne fut jamais le cas, ni à
Cassimbazar, ni dans aucun autre Etablissement du Bengale.

« Kirapaye, le sixième. Depuis son établissement, il
» y a là un chef pour le Roi et un agent.

« Canicola, le septième, regardé également comme
» Kirpaye et ayant un chef pour le Roi.

« Chopoor, le huitième. Le Ministre y avait aussi
» envoyé un chef et non un Résident particulier. M. Le-
» seigneur était l'homme du roi honoré d'une commis-
» sion et n'a jamais été regardé dans cet endroit comme
» particulier.»

« Monnepour est le neuvième et dernier comptoir
» où la Nation avait un Chef et jamais M. Samson
» n'y a été qu'en qualité de chef pour le roi ; il avait
» remplacé M. Aussant ».

« Voilà les neuf comptoirs séparés de Chandernagor
» et désignés par le Ministre pour être gouvernés par
» des chefs suivant les intentions de sa Majesté ;
» aller contre cet arrangement serait enfreindre le
» traité garanti par le vôtre ».

« La Compagnie avait envoyé dans les derniers
» temps un agent à Santipoor. Ellle y louait une
» maison ».

« Ce que je dis pour Santipoor regarde Malda où
» nous avons eu un agent et où notre titre existe par
» nos anciens magasins ».

« Nous avons également nommé et envoyé à Goual-
» para et à Silhotte des agents ».

« Nous avons arboré notre pavillon dans Chatigan
» avant que notre Nation eût pensé à s'y établir ».

Il s'éleva bientôt des discussions sur Chatigan que
les Anglais refusèrent de nous restituer faute de
titres. Il est, du reste incontestable que la crainte
seule de voir la France discuter ses privilèges et ses
propriétés au Bengale, a provoqué, en 1765, le refus

de restituer les archives de la Compagnie provenant de Cassimbazar.

De longs pourparlers s'engagèrent entre les deux Gouvernements au sujet de ces loges et les Anglais refusèrent catégoriquement à nos représentants le droit d'y arborer notre pavillon. Cependant, M. Dangereux, malgré tous les obstacles, les fit occuper et y fit flotter le pavillon national. Les agents anglais employèrent alors la force et firent abattre et enlever notre drapeau. Notre représentant adressa au Conseil de Calcutta une protestation publique dans laquelle il rendit responsable le Gouverneur Général et les autres membres du Conseil de Calcutta, des réparations, satisfactions et dédommagements quelconques que le Gouvernement français pourrait réclamer, ainsi que de toutes les suites fâcheuses qui pourraient en résulter. Aucune suite ne fut donnée à toutes nos réclamations et une Convention fut signée à Versailles, le 31 Août 1787, entre Sa MajestéTrès-Chrétienne et Sa Majesté Britannique. Cette Convention eût encore permis au commerce français de se relever dans l'Inde si elle n'eût été faussement interprétée par les Anglais. Elle fit cesser les démêlés qui existaient au sujet du pavillon et de la juridiction. Voici ce qu'elle porte à ce sujet :

« *Art. 4.*—Les anciennes factoreries, c'est-à-dire, » Chandernagor, Cassimbazar, Dacca, Yougdia, Balas- » sore et Patna avec les territoires appartenant aux » petites factoreries seront sous la protection du pavil- » lon français et soumises à la juridiction française.

« *Art 5.*—La France aura aussi la possession des » anciennes maisons de Chopoor, Kirpaye, Canicola, » Monnepoor, Sirampoor et Chatigan aussi bien que

» les dépendances sur Chopoor, savoir : Gouzerad,
» Ollendé, Ellimbazar, Patarahe, Benepoor et Data-
» bady. Elle aura, de plus, la faculté d'établir de nou-
» velles maisons de commerce, mais aucune de ces
» maisons n'aura juridiction, ni ne sera exempte de
» la justice ordinaire du pays qui s'exercera sur les
» sujets britanniques.»

Le 14 Avril 1784, la liberté du commerce avait été supprimée par M. de Coutenceau qui avait pris possession des Etablissements restitués par l'Angleterre. A cette époque, une nouvelle Compagnie des Indes fut créée. Le roi lui accorda le monopole du commerce avec tous les privilèges qui avaient été concédés à l'ancienne compagnie. Cette mesure impolitique acheva la ruine du commerce de Pondichéry. L'année suivante M. de Souillac transporta le Chef-lieu des Etablissements situés à l'Est du Cap de Bonne-Espérance, à l'île de France et laissa le commandement des possessions françaises dans l'Inde à M. de Cossigny. A cette époque, les Anglais étaient aux prises avec le fameux Tipou-Sahib. Ce dernier chercha à faire entrer la France dans une alliance contre l'Angleterre. Il envoya des ambassadeurs à Versailles, mais ceux-ci ne réussirent pas dans leur mission.

Ce fut sous l'administration de M. de Conway que la Révolution française éclata et le mouvement révolutionnaire eut sa répercussion, dès la fin de l'année 1789, dans les Etablissements de l'Inde.

A Pondichéry, une Assemblée Coloniale fut constituée. Quinze membres représentaient Pondichéry ; trois représentaient Chandernagor ; les territoires de Karikal, Mahé et Yanaon étaient chacun représentés

par un délégué. Les membres de cette assemblée
étaient élus par le suffrage universel. Ils votaient
l'impôt, rendaient des ordonnances et choisissaient
les Députés à l'Assemblée Nationale. Mais, dès 1793,
la guerre ayant éclaté entre la France et l'Angleterre, Pondichéry, investi par une armée composée de
6,000 Européens et de 17,000 cipahis, fut obligé de se
rendre après un siège de 41 jours. Tous les autres
Etablissements Français subirent le sort du Chef-
lieu.

Les Anglais conservèrent Pondichéry jusqu'à la
paix d'Amiens. Cette paix nous rendit toutes nos
possessions. Mais dès l'année suivante, les hostilités
ayant recommencé, nos ennemis s'emparèrent de nouveau de nos Etablissements et ne nous les rendirent
définitivement que par les traités des 20 Mai 1814 et
7 Mars 1815. Ces traités confirmèrent la prépondérance
absolue de l'Angleterre sur la presque totalité de l'Inde.
Notre rôle politique, qui avait été si glorieux, était
terminé.

La remise de Pondichéry et de Chandernagor ne fut
réalisée que le 4 Décembre 1816 ; celle de Karikal, le 14
Janvier 1817, celle de Mahé le 22 Février 1817, et celle
de Yanaon, le 22 Avril de la même année.

Une convention conclue le 7 Mars 1817 avec le Gouvernement anglais établit plusieurs stipulations importantes : 1° Le Gouvernement français renonçait au
droit que lui accordait une Convention du 30 Août 1787
de réclamer à la Compagnie des Indes anglaises 300
caisses d'opium au prix de fabrication ; nous n'avons
plus aujourd'hui que le droit d'acheter les 300 caisses
au prix moyen des ventes à Calcutta ; 2° le Gouvernement anglais a obtenu le droit d'acheter, à un prix

déterminé, le sel fabriqué dans nos établissements et excédant les besoins de leur consommation ; 3° en compensation du préjudice résultant pour nos établissements de ces deux stipulations, le Gouvernement anglais s'est engagé à payer au Gouvernement français une rente annuelle de 4 lacks de roupies (sicas) (1). Par un second traité, celui du 13 Mai 1818, qui ne devait avoir d'abord que quinze ans de durée, mais qui fut, dans la suite prorogé indéfiniment d'un commun accord, le Gouvernement anglais, pour rendre plus complet le monopole de la Compagnie des Indes, a acheté moyennant une indemnité annuelle de 4,000 pagodes (34,580 frs.), le droit que nous avions de fabriquer le sel dans nos Etablissements. Le traité stipule qu'il ne sera plus fabriqué de sel sur notre territoire et que le Gouvernement anglais livrera à l'autorité française, au prix de fabrication, le sel nécessaire à la consommation de nos établissements. Ce sel est ensuite revendu aux consommateurs par le Gouvernement français ; et il en résulte pour le trésor local une ressource assez notable.

A partir de cette époque, l'histoire de nos possessions dans l'Inde n'est marquée par aucun fait historique important. Les évènements politiques de l'Inde anglaise, la terrible révolte des cipahis du 1857 elle-même, n'y ont aucune répercussion et le loyalisme le plus parfait caractérise ces populations auxquelles la France a accordé la plus grande liberté.

Depuis 1871, les Etablissements français dans l'Inde envoient un Député au Parlement et depuis 1875 ils élisent un Sénateur.

Un Conseil Général institué en 1879 est élu au suffrage universel et vote les impôts et les taxes.

1. Voir à ce sujet le chapitre consacré au budget de l'Inde.

Les communes ont, depuis 1880, un régime administratif à peu près semblable à celui de la Métropole elles élisent leurs Municipalités depuis 1882.

L'Administration générale des Etablissements est placée sous l'autorité d'un Gouverneur résidant à Pondichéry, représenté, dans chaque Dépendance, par un Administrateur.

PONDICHERY

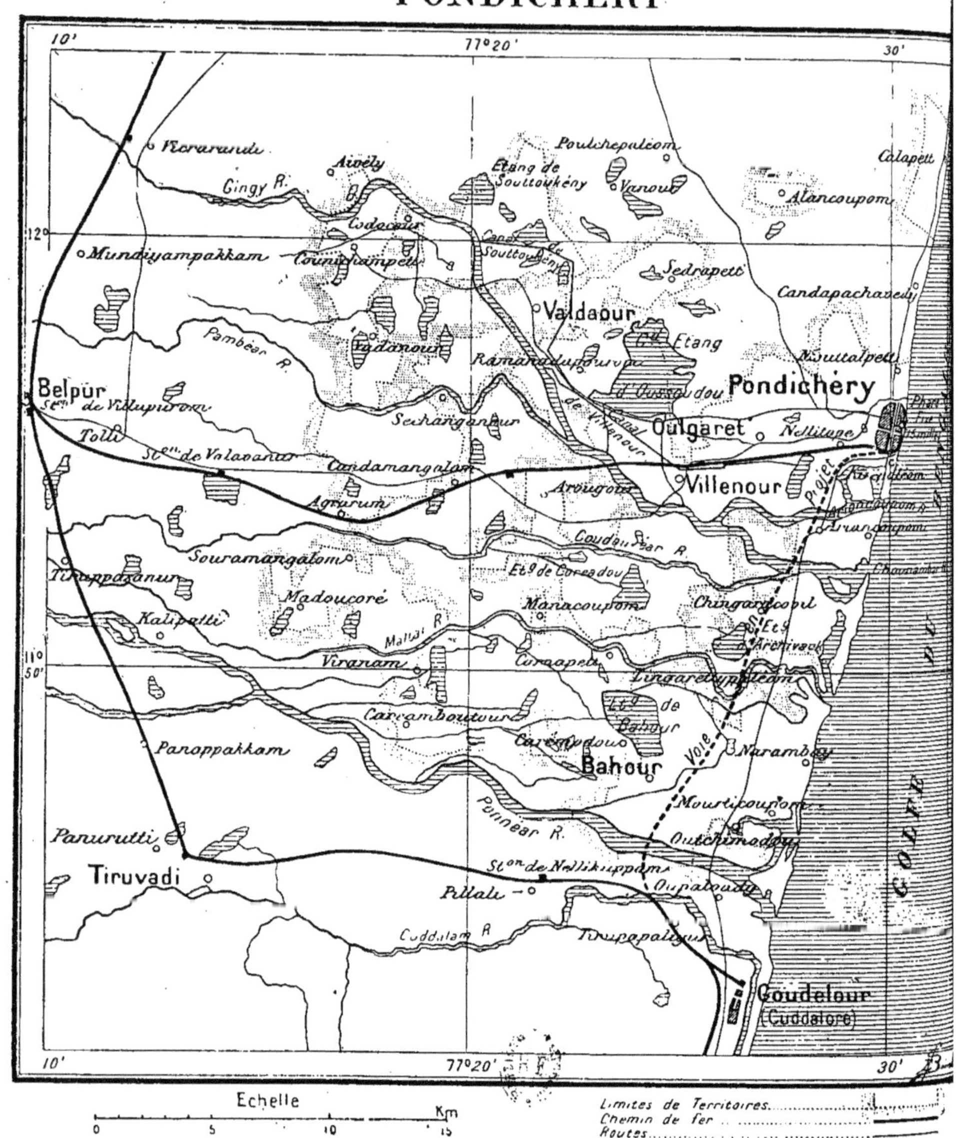

10'
77°20'
30'
Vicrarandi
Gingy R.
Aively
Poulchepaleom
Etang de
Souttoukény
Vanour
Calapett
Alancoupom
12°
Mundiyampakkam
Coumhampett
Vodacair
Canal
Souttoukény
Sedrapett
Candapachavedy
Valdaour
Etang
Mouttalpett
Pambéar R.
Vadanour
Ramanadapouram
Pondichery
Belpur
St°n de Villupuram
d'Oussoudou
Canal de Vilenour
Oulgaret
Nellitope
Phal
Tolli
Sechanganour
Villenour
St°n de Valavanur
Candamangalom
Arougour
Projet
Aguarum
Coudou R.
Tiruppdianur
Souramangalom
Et.g de Coreadou
Chinganicool
Madoucoré
Manacoupom
St. Et.g
d'Archivack
Kalipatti
Mallet R.
11°
50'
Viranam
Curaapett
Lingareddypaleam
Carramboutvur
Et.g de
Bahour
Paroppakkam
Carédadous
Narambay
Bahour
Voie
Panurutti
Pannéar R.
Mourticoupom
Outchimoday
Tiruvadi
St°n de Nallikuppom
Pillali
Oupalouht
Cuddalam R.
Tirupapaligur
Coudelour
(Cuddalore)
GOLFE
10'
77°20'
30'

Echelle
Km
0
5
10
15
Limites de Territoires
Chemin de fer
Routes

GÉOGRAPHIE PHYSIQUE GÉNÉRALE.

Les établissements français dans l'Inde se répartissent aujourd'hui en fractions de territoires, isolés les uns des autres, dont la superficie totale est de 50,803 hectares.

Ce sont :

1° Sur la Côte de Coromandel : Pondichéry et son territoire composé des Communes de Pondichéry, d'Oulgaret, de Villenour, de Bahour, d'Ariancoupam, de Tiroubouvané, de Modéliarpeth et de Nettapacom ;— Karikal et les 6 Communes qui en dépendent : Karikal, Grand Aldée, Néravy, Cotchéry, Nedouncadou et Tirnoular ;

2° Sur la côte d'Orissa : Yanaon, son territoire et les aldées ou villages qui en dépendent ; la loge de Masulipatam ;

3° Sur la côte de Malabar : Mahé et son territoire ; la loge de Calicut ;

4° Dans le Goudjerate : la factorerie de Surate ;

5° Au Bengale : Chandernagor et son territoire ; les loges de Cassimbazar, Jougdia, Dacca, Balassore et Patna.

I.—HYDROGRAPHIE.

TERRITOIRE DE PONDICHÉRY.

Le territoire de Pondichéry qui occupe une superficie de 29,145 hectares, contient 93 aldées ou grands villages

et 141 villages secondaires ; il est compris tout entier
dans la présidence de Madras, et sa capitale se trouve
environ à 143 kilomètres de cette ville anglaise. Il est
très exactement limité à l'est par le Golfe de Bengale,
à l'Ouest par une chaîne de collines de couleur jaune et
de composition crétacée, connues sous le nom de "Montagnes rouges" ou de "Goudelour." Le sol est presque
tout entier formé de couches de sable et de dépôts d'alluvions apportées par les cours d'eau qui traversent ce
territoire.

PONDICHERY A VOL. D'OISEAU.

Au point de vue hydrographique l'Etablissement comprend deux bassins principaux, celui du Ponnéar qui le
limite au sud et celui de la rivière de Gingy qui le
traverse diagonalement du nord-ouest au sud-est. Ces
deux rivières sont torrentielles dès leur embouchure.
La dernière, qui prend sa source dans les contreforts

avancés des montagnes de Salem, a un parcours de 34 kilomètres en territoire français ; la largeur de son lit est de 350 à 400 mètres. A une distance de 7 kilomètres de son embouchure, elle se divise en 2 branches dont l'une est connue sous le nom de rivière d'Ariancoupam et l'autre, le bras principal, sous le nom de Chounnambar.

Les affluents de la rivière Gingy sont la rivière de Vicravandy, dont le confluent est situé un peu en avant dela frontière anglo-française du Nord-ouest, le Pambéar qui prend sa source dans les collines de Tiroukovolour et se jette dans la rivière de Gingy après avoir parcouru 15 kilomètres, dont 13 en territoire français. Le Poudouvéar décharge des terres basses du bassin du Ponnéar ainsi que des hautes eaux de cette rivière.

Le Ponnéar constitue la frontière Sud de notre territoire sur une longueur de 14 kilomètres. Sa largeur est de 4 à 500 mètres ; son débit d'étiage descend jusqu'à zéro et son débit pendant les crues dépasse 4,000 mètres cubes.

Le Ponnéar n'a pas d'affluents sur la rive gauch (française) ; des deux thalwegs d'ordre secondaire qui se trouvent à sa gauche, le plus bas, le Maltar déverse ses eaux directement à la mer ; le plus haut, nommé Poudouvéar, est un affluent de la rivière de Gingy.

De même que le Ponnéar, la rivière de Gingy a tous ses affluents sur sa rive droite et toutes ses dérivations sur la rive gauche. De ce côté, elle ne reçoit que des décharges d'étangs ou de canaux et elle alimente les irrigations du territoire français situé sur cette rive, au moyen de deux canaux principaux : celui de Souttoukêny et celui de Villenour.

Les prises d'eau sont opérées au moyen de barrages

en rivières placés respectivement à des distances de 26ᵏᵐ, 300 et 19 kilomètres de l'embouchure.

Le canal de Souttoukêny alimente le Grand Etang d'Oussoudou, vaste réservoir de 973 hectares de superficie et d'une contenance de 18 millions de mètres cubes, qui assure l'irrigation de 1,500 hectares de terres cultivées en rivières. Le canal de Villenour, qui alimente les étangs d'Olandé et de Mouroungapacom, dessert également de nombreux canaux servant à l'irrigation des terres qu'ils parcourent.

Comme principaux canaux alimentaires, citons encore le Bangarvaikal, qui amène les eaux du Ponnéar dans le Grand Etang de Bahour, le Sittérivaikal, dérivé du Ponnéar, qui alimente l'étang Sittéry de Bahour.

TERRITOIRE DE KARIKAL.

Le territoire de Karikal est englobé dans la province anglaise de Tanjore (ancienne nababie de Carnate), à 105 kilométres au Sud de Pondichéry. Il est situé au milieu du delta du Cavéry et sa superficie est de 13,515 hectares répartis en 16 Communes et 110 villages.

Le Cavéry, long de 800 kilomètres environ, naît sur les versants Est des Ghats occidentales, traverse le Mysore du Nord-Ouest au Sud-Est et prend ensuite, vers Trichinopoly, une direction Sud-Ouest Nord-Est, puis très sensiblement Ouest-Est, se ramifiant en un grand nombre de bras dont certains viennent irriguer notre territoire, citons :

i. À la pointe Est de l'île de Sirangam, en face de Trichinopoly, le Pillearvaial bientôt confondu avec le Vennar qui, après avoir donné naissance au Vettar et au Pravadayanar, va se jeter dans la mer à la limite Sud des territoires français ;

73°
Dyrmaputnum
Rodary
Phare
Mouillet
Tellicherry
Paunur
Chirakkaly
Less Colory
Kunngkalukulloy
Riv. de Mahé
Perinkulalur
Irngalur
GOLFE
Mahe
Thunil
Huigy Pallee
Chombalar
11°
40'
D' OMAN
Dyrungothu
MAHÉ
Echelle
Km
Routes
Limites de territoires
Wuddakurray

KARIKAL

77°20'
30'
Tranquebar
Kuddakully
Nallatour
Nandalar
Nottarvaikalar R
Nédouncadou
Vanliar R.
Kotoor
Kassavoudy
St on de Peralam
Ambagaratour
Conipattou
Noular R.
Hirouttankoudy
Madéour
Sellour
Tirnoular
Noular R.
Feu
Karikal
Anselar
R.
Kunganellur
Arselar R.
Sechamoulé
Moullar H.
Manamullu
Pusavatchery
Alatour
Tiroumalarassanar R.
St on de Nannillam
Authunacoudy
Padourcolle
Grande Aldée
Navnicatallé
Patanatchéry
Terrudrakatancoudy
Boothloor
Pravadéanar R.
Vettar R.
Nagore
GOLFE DU BENGALE
11°20'
7°
55'
10°
55'
Echelle
Km
Routes
Chemin de fer
Limites de territoires

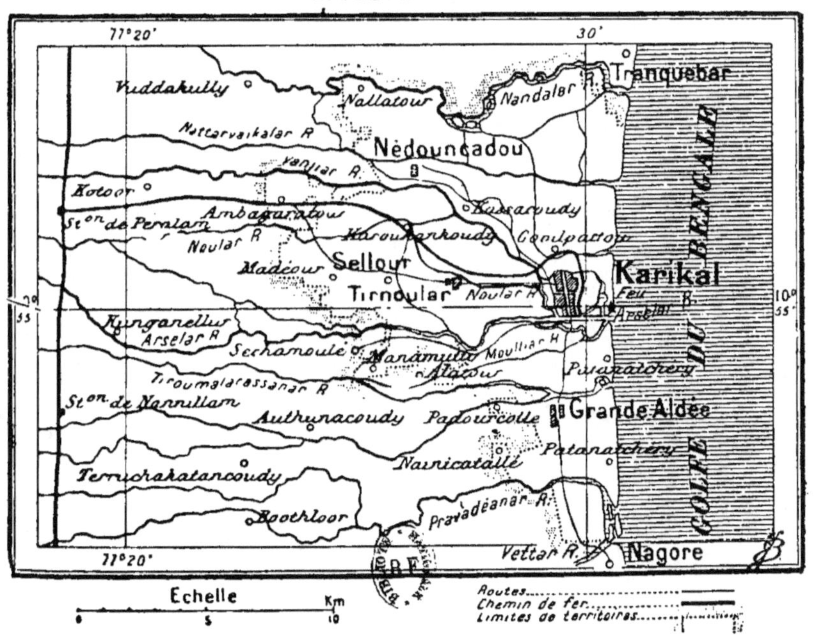

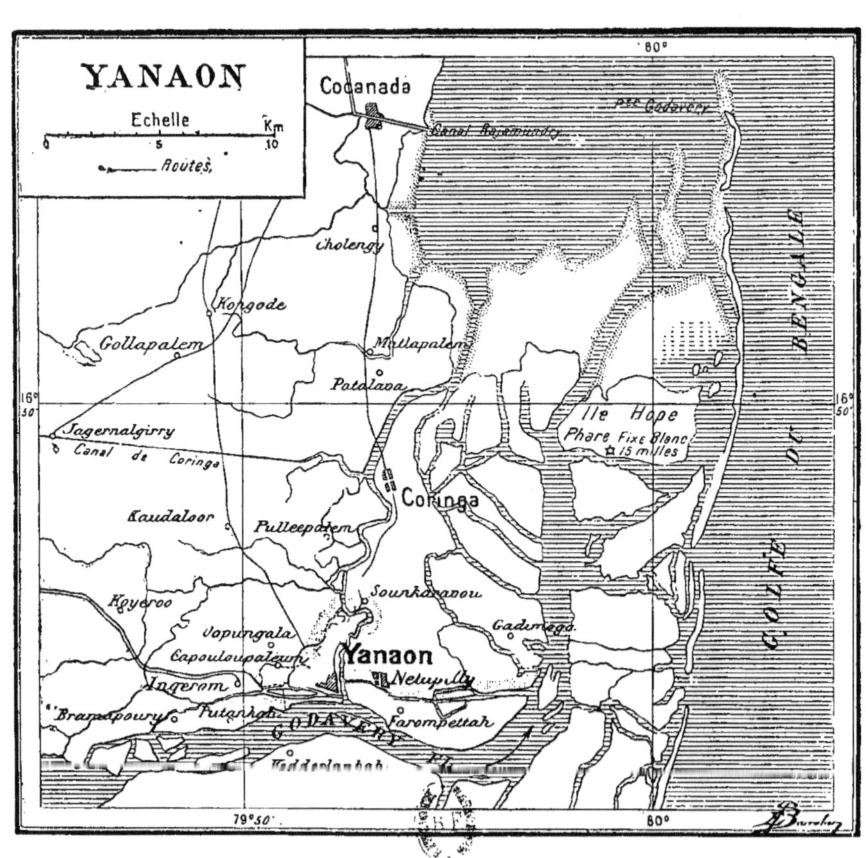

YANAON
Echelle
Km
0 5 10
Routes
Cocanada
Pte Godavéry
Canal Rajamundry
Cholengy
Kongode
Mallapalem
Gollapalem
Patalava
Ile Hope
16°50'
16°50'
Jagernalgirry
Canal de Coringa
Phare Fixe Blanc
15 milles
Coringa
Kaudaloor
Pulleepalem
Sounkaranou
Koyeroo
Gadimega
Vapungala
Capouloupalem
Yanaon
Ingeram
Nelupilly
Brampoury
Putanhah
Farompettah
GODAVERY
Vedderlanhah
79°50'
80°
GOLFE DU BENGALE

ii. Le Codamoutty qui va se mêler au Vettar après avoir donné naissance à deux dérivés : le Moudicandon dont les eaux contribuent à irriguer le territoire français, et le Tirmoularsenar, dont l'embouchure se trouve sur notre littoral ;

iii. L'Arselar, la rivière de Karikal, sortie du Cavéry, vers Capistolam, qui donnera naissance à plusieurs dérivés parmi lesquels nous citerons :

1° Le Nattarvaikal sorti de l'Arselar vers Saccoté pour se jeter dans la mer à Cotchéry après avoir donné naissance au Vandjéar, lequel rejoindra lui-même l'Arselar près de Karikal ;

2° le Noular qui, dans sa course à la mer, rencontrera le Vandjiar, mentionné plus haut, dont les eaux viennent se déverser dans l'Arselar au Sud-Ouest de Karikal ;

iv. le Moulliar provenant de l'intérieur des terres et qui arrive dans l'Arselar près de l'embouchure de celui-ci ;

Le Nandalar ;

Le Virassojan dont les cours convergents finissent par se rencontrer sur notre frontière française, le premier après avoir irrigué Nédouncadou et Cotchéry, le dernier, sans connaître les terres françaises, en donnant naissance à une branche unique qui se jettera dans la mer à Kattouchéry, à 25 kilomètres au Nord de Karikal.

TERRITOIRE DE YANAON.

Le territoire d'Yanaon (1,429 hectares) situé dans la province de Golconde, à 780 kilomètres au Nord-Est de Pondichéry, est une étroite bande de terre qui est bornée au Sud par le Godavéry, le plus grand fleuve du

Dekkan, et, au Nord et à l'Est, par une dérivation de la même rivière, la Coringuy ou Coringha.

Comme tous les fleuves de la côte de Coramandel le Godavéry se termine par un delta s'étendant sur un espace de 4,000 kilomètres carrés environ. A l'extrémité septentrionale, des marais, des rivières errantes et des rangées de dunes marquent la ligne des anciens littoraux qui se sont successivement formés. C'est ainsi qu'Yanaon est séparé de la mer par des eaux basses et changeantes, où n'osent s'aventurer les navires.

TERRITOIRE DE MAHÉ.

Le territoire de Mahé (5,909 hectares) est situé sur la côte de Malabar, dans la province de Calicut et à 416 kilomètres de Pondichéry. Il est borné d'un côté par la mer et par un petit cours d'eau appelé rivière de Mahé, et de l'autre côté par une bande de collines calcaires de hauteur moyenne et qui se rattachent aux Ghats par une série de mamelons boisés. L'entrée de la rivière est barrée par des rochers, franchissables à marée haute. Au delà de cette barrière, elle est assez profonde et navigable pour des bateaux de 20 à 25 tonneaux jusqu'à 3 kilomètres dans l'intérieur des terres. La ville de Mahé, située sur la rive gauche, est comme on l'a dit, " moins une ville qu'un jardin touffu où on a construit des maisons ". Elle communique avec Beïdour par une grande route côtière. C'est non loin de là que se trouve la loge de Surate où prit naissance notre colonisation dans l'Inde.

ÉTABLISSEMENT DE CHANDERNAGOR.

Chandernagor est situé dans la province du Bengale, Ce territoire occupe une superficie de 940 hectares

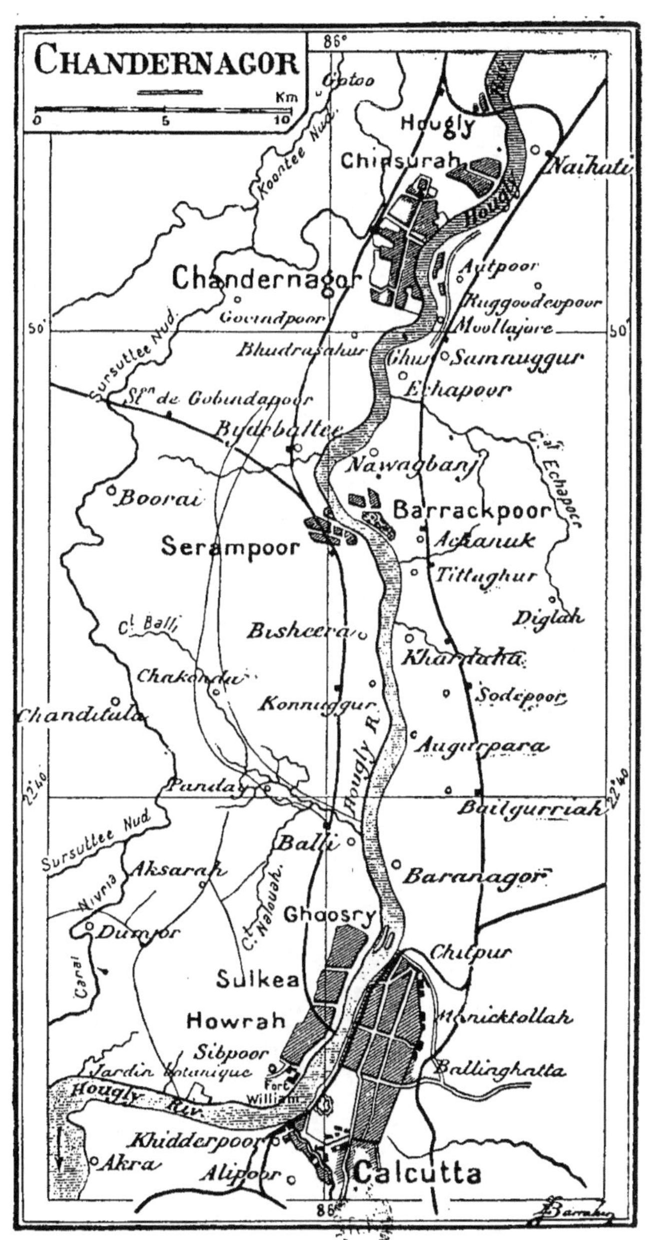

CHANDERNAGOR
Km
0   5   10
86°
Gotoo
Koontee Nud
Hougly
Chidsurah
Naihati
Hougly
Chandernagor
Aitpoor
Govindpoor
Ruggodevpoor
50°
Moollajore
50°
Bhudrasahur
Ghur
Samnuggur
S^n de Gobindapoor
Echapoor
C.^l Echapoor
Budbballee
Nawagbanj
Boorai
Barrackpoor
Serampoor
Achanuk
Tittaghur
C.^l Balli
Diglah
Bisheera
Khardaha
Chakonda
Sodepoor
Konnuggur
Hougly R.
Chanditula
Augurpara
22°40
Panday
22°40
Bailgurriah
Sursutlee Nud
Balli
Aksarah
Baranagor
Nivria
Ghoosry
Dumjor
C.^l Nalouah.
Chilpur
Sulkea
Manicktollah
Howrah
Sibpoor
Ballinghatta
Jardin botanique
Fort
William
Hougly Riv.
Khidderpoor
Akra
Alipoor
Calcutta
86°

environ et est à peu près situé à 1,200 kilomètres, au Nord-Est, de Pondichéry et seulement à 28 de Calcutta, auquel il est relié par un chemin de fer.

Chandernagor a été construit à 35 lieues environ des bouches du Gange et sur le bras principal de ce fleuve, l'Hoogly. Il semblerait donc que cette situation fût tout à fait favorable à la prospérité de notre Etablissement. Malheureusement, outre que la navigation directe nous est interdite de Chandernagor à la mer, la profondeur du fleuve, qui varie en face de Calcutta entre 3 et 10 mètres, n'en a plus guère que 3 en face de la ville française, et l'anse spacieuse au fond de laquelle s'élève Chandernagor est de plus en plus envahie par les alluvions du Gange.

La plus grande longueur du territoire français de Chandernagor, du Nord au Sud, est de 5 kilométres 200 et sa plus grande largeur, de l'Est à l'Ouest, est de 1 kilomètre 900.

II.—CLIMAT.

A.—METEOROLOGIE.

La Météorologie de l'Inde comme celle des autres pays est en grande partie tributaire de sa position géographique, l'immense étendue des terres au Nord, le vaste Océan au Sud en sont en effet les facteurs essentiels.

Pendant l'hiver du Nord quand le soleil, dans sa marche, s'écarte de l'hémisphère boréal, un froid intense sévit sur l'Asie centrale; on éprouve dans le Sud les effets météorologiques de la zone tempérée; les vents d'Ouest soufflent dans les provinces du Nord de l'Inde et les cyclones de la zône tempérée se dirigent vers le Sud.

Quand, au contraire, l'hémisphère boréal est éclairé par le soleil, l'Asie Méridionale devient une région surchauffée, qui attire un immense courant d'air chargé de quantités énormes de vapeur d'eau prises au cours de son passage prolongé sur l'Océan Indien.

Il s'en suit que, dans une période de l'année, certaines parties de l'Inde sont inondées par les pluies, tandis qu'une sécheresse persistante les frappe pendant une autre période.

Moussons.—Le fait le plus important de la météorologie indienne est la succession des saisons, connue sous la qualification de moussons d'été et de moussons d'hiver.

Pendant la mousson d'hiver, les vents soufflent du continent : temps sec et beau, ciel pur, peu d'humidité et peu de vent.

Vers le milieu d'Octobre, toutes les régions de l'Inde bénéficient du beau temps, sauf toutefois la moitié du Sud de la Péninsule qui ne le connaît que vers la fin de l'année, quand les pluies ont cessé et qu'elles ont gagné la zône équatoriale.

Sur la côte de Madras, les vents du Nord-Est qui soufflent de la baie du Bengale en Octobre, se mêlent aux vents chargés d'humidité de la mousson d'été qui se retire. Ils forment un courant qui contourne la baie du Bengale et, soufflant ensuite directement sur la côte de Madras, ils donnent à cette région le plus mauvais temps de l'année.

Pendant les mois de Mars à Mai une augmentation rapide et continue de température se produit ainsi qu'un décroissement de pression barométrique dans toute l'Inde et particulièrement dans le Nord.

Pendant cette période, les vents du Nord-Est de la

mousson Est de la mousson d'hiver cessent. Dans l'Inde et dans les mers adjacentes, la circulation de l'air devient locale ; elle est caractérisée par des vents chauds et forts qui soufflent au bas des vallées du Nord de l'Inde, en deça des cours d'eau et par des vents, plus forts encore, de terre et de mer dans les régions de la côte. Ces derniers augmentent de force et d'étendue et produisent de grandes différences de température et d'humidité, qui finissent par donner naissance à des orages locaux violents.

Ces orages prennent la forme de tourmente de poussière dans les plaines arides du Nord de l'Inde et de tempête de grêle dans les régions où soufflent en même temps les vents humides de mer et les vents secs de l'intérieur.

Ces tourmentes et ces tempêtes qui sont accompagnées fréquemment de vents très forts, et de pluies torrentielles, sont par ce fait très destructives.

Puis vient la période de la mousson Sud-Ouest. Le soleil, à ce moment là, s'avance lentement vers le Nord, dans la direction du tropique Nord. L'équateur thermal s'avance également vers le Nord, et avec lui, marchent les vents alizés du Sud-Est qui se lèvent.

A ce moment, la température dans l'Inde, monte très rapidement, tandis que la pression barométrique diminue, c'est la période des vents alizés du Sud qui se meuvent vers le Nord et des vents de terre et de mer qui soufflent vers le Sud. Les vents légers du golfe arabique se levant et se mêlant aux grands vents alizés du Sud-Est, froids et chargés d'humidité, c'est l'époque de la mousson Sud-Ouest,—la saison la plus importante de l'année, car d'elle dépend la prospérité des cinq sixièmes de la population de l'Inde·

La mousson Sud-Ouest dure trois mois et demi à quatre mois, du commencement de Juin à la fin de Septembre. Pendant ce temps, la pluie sans être continuelle, persiste toutefois dans toute l'Inde.

B.—SAISONS.

D'une façon générale, on distingue dans l'année quatre époques caractérisées par les circonstances climatériques suivantes :

1° De fin Décembre au commencement d'Avril pas de pluie température assez bonne ; c'est la saison la plus fraîche de l'année ; le thermométre, à Pondichéry ne dépasse pas 28°, à Chandernagor, il descend jusqu'à 10°.

2° Du 15 Avril au 15 Juillet ; saison sèche et très chaude, pendant laquelle souffle la mousson d'Ouest et ce qu'on appelle les vent de terre, brûlants et desséchants ; le thermomètre monte alors jusqu'à 38 et 40° ; il marque parfois 43°, en Mai, à Chandernagor.

3° Du 15 Juillet à fin Septembre : fin des vents de terre et commencement des pluies ; c'est l'époque des grands calmes pendant laquelle règne une chaleur lourde et fatigante.

4° Du commencement d'Octobre à fin Décembre ; époque des fortes pluies, des ouragans et des cyclones.

Cette règle générale souffre beaucoup d'exceptions. Parfois la saison des pluies est bien courte, parfois elle est longue et marquée par des tempêtes violentes.

La sécheresse est le fléau de la côte de Coromandel, et nulle part dans l'Inde les étangs artificiels ne sont aussi nécessaires. Pondichéry, en particulier, est exposé à des sécheresses prolongées (la plus grave fut celle de 1877). A Mahé, les pluies sont abondantes et véritablement continues ; elles commencent en Juin, deviennent torrentielles en Juillet et en Août et ne cessent qu'en Octobre. Chandernagor, par suite du voisinage de l'Himalaya, est arrosé par d'abondantes pluies de Mars à Octobre. A Yanaon, enfin, il pleut de Juin à Novembre d'une manière constante.

A Pondichéry et Karikal, la température moyenne de Janvier à Octobre, varie entre 31 et 40 degrés centigrades pendant le jour et entre 27 et 29 pendant la nuit ; d'Octobre à Janvier, elle est de 25 à 32 pendant le jour et de 13 à 20 pendant la nuit. C'est dans cette dernière période de l'année que sévissent généralement les bourrasques et parfois les cyclones, dont le dernier en date, ravagea, dans la nuit du 22 au 23 Novembre 1916, Pondichéry et ses environs. Cinq cent personnes trouvèrent la mort dans cette catastrophe qui causa des dégats matériels très importants, ruina de nombreuses constructions, coucha par terre, notamment, tous les beaux arbres qui ornaient la place Dupleix.

A Yanaon, le thermomètre marque de 20 à 26° de Novembre à Janvier, et de 27 à 36° de Février en Avril ; de 36 à 52° de Mai en Juin, et de 28 à 34 de Juillet en Octobre.

A Mahé, situé sur la côte de Malabar, l'hivernage commence par contre vers le 15 Septembre et dure jusqu'au 15 Mai. La température varie entre 22 et 26° de Janvier à Mars, de 25 à 30 d'Avril à Septembre et de 23 à 27° d'Octobre à Décembre.

Il faut faire une exception pour le territoire de Chandernagor qui, encadré d'étangs et de bois, a un climat beaucoup plus frais. C'est ainsi que le thermomètre peut tomber en Février jusqu'à 7 ou 8°, s'élever à 43° en Mai et varier entre 22 et 25 d'Octobre à Mars.

En résumé la température moyenne d'été et d'hiver est respectivement :

Pour Pondichéry . . . . . . 30 et 26 degrés.
  „ Karikal . . . . 31 et 24 „
  „ Yanaon . . . . 28 ot 32 „
  „ Mahé . . . . 25 et 30 „
  „ Chandernagor . . . . 20 et 26 „

III.—FAUNE ET FLORE.

La faune de notre Colonie de l'Inde ne présente rien de particulièrement caractéristique. Les animaux féroces, et en particulier le tigre, disparaissent de plus en plus et ne seront bientôt plus qu'un souvenir.

Il n'en est malheureusement pas de même des reptiles. Le plus terrible est le cobra-capelle ou serpent à lunettes, dont la morsure est tellement venimeuse que l'on en meurt en moins d'un quart d'heure. Il faut citer le serpent minute, qui ne dépasse jamais 20 centimètres de longueur et 4 millimètres de diamètre, et dont la piqûre est si venimeuse qu'elle tue la victime en moins de 2 minutes, comme son nom l'indique.

On estime à 20,000 par an le nombre d'habitants de l'Hindoustan qui périssent de la morsure des serpents. En vain le Gouvernement anglais a-t-il adopté des mesures pour leur destruction, les résultats obtenus sont insignifiants. Les Hindous, en effet, qui ont le culte des reptiles, refusent de les détruire et quelques-uns même se consacrent à l'élevage des serpents : ce sont eux qu'on désigne sous le nom de sapwallahs ou"charmeurs de serpents ".

Quant à la flore, elle est au contraire d'une incroyable richesse. Les bois, extrêmement touffus, contiennent presque tous les essences propres à l'ébénisterie et à la

teinture ; tels sont, par exemple : l'agalloche, le cal-
lambac, l'ébène noir, le gayac, le bois de fer, le santal,
le teck.

Les arbres fruitiers sont aussi très nombreux et produisent généralement des fruits d'une saveur exquise :
papyer, goyavier, manguier, jacquier, dattier, bananier,
cocotier, oranger et citronnier. Certains arbres, tels que
l'éléphantier, l'acacia arabique, la laque et le bombax,
sécrètent des gommes estimées.

Le sagou, le jagre du palmier, l'avoira, fournissent des
sucs qui, mêlés aux produits de la canne, donnent des
boissons dont les habitants sont très friands. Hommes
et femmes mâchent le cachou ou le bétel, sorte de
mélange de la noix d'areck avec de la chaux.

Le coton et le sésame poussent merveilleusement,
ainsi que le ricin, l'arachide, qui est actuellement le
principal produit d'exportation de l'Inde Française.

Citons encore parmi les plantes industrielles le rotin
et le bambou.

Le riz constitue la nourriture fondamentale des habitants ; on en distingue 30 variétés, dont la plus estimée
est la Samba.

La plupart des légumes de l'Europe réussissent dans
les jardins à côté de ceux des Tropiques (ignames). Enfin
les épices (poivre blanc, cannelle, clous de girofle) donnent des récoltes qui, sans être abondantes, fournissent
la quantité nécessaire à la consommation locale.

IV.—VILLES.

Pondichéry.—Le Chef-lieu est Pondichéry, ville den-
viron 50,000 habitants, régulièrement bâtie et qui
tranche, par sa propreté, sur la plupart des centres
anglo-indiens. Les habitations européennes sont con-

fortables et vue des terrasses qui la dominent, la ville semble noyée dans un nid de verdure.

Elle est divisée en deux parties par ce qu'on appelle le "petit canal" où se déversent les eaux de la ville : la ville blanche près de la mer, la ville noire à l'Ouest.

La première est bien construite ; ses monuments, ses hôtels particuliers, d'un style qui rappelle celui du grand siècle, font penser à Versailles, comme le dit M. PAUL BLUYSEN, dans son livre sur l'Inde.

De la ville du Roi-Soleil, Pondichéry a, en effet, le charme de splendeur déchue, le silence de ses rues qu'un rare passant parcourt lentement, est " une mélancolie d'abandon et de déclin ".

Il y a, dans la ville blanche quelques jolis monuments : l'Hôtel du Gouvernement, la Banque de l'Indo-Chine, l'Hôtel de Ville, l'Eglise de Notre-Dame des Anges, l'église cathédrale, plusieurs pagodes de consruction centenaire, le Collège Calvé, le Collège Colonial, la fontaine centrale de la place du Gouvernement et la place Dupleix où se trouve la statue de l'illustre Capitaine ne manque pas de caractère.

La ville noire est pittoresque, gaie, vivante. La rue y est animée et pleine d'imprévu.

Certains immeubles sont riches et on y rencontre un monument historique, la maison de la maîtresse de Dupleix conservée en son état par le notable Hindou qui en est le propriétaire.

Les environs de Pondichéry sont trés pittoresques ; Villenour, avec sa grande pagode consacrée à la déesse Kokilamballe ; Mouttalpeth, habité par des tisserands restés fidèles au travail manuel des ancêtres et qui tissent et teignent leurs toiles en plein vent ; le Grand Etang, Bahour, etc. Les routes qui conduisent à ces

aldées sont autant d'agréables promenades ombragées
par des allées de porchers qui croisent parfois leurs
branches et forment une sorte de tunnel de verdure.

Pondichéry ne posséde pas de port, mais sa rade
foraine est considérée par les Capitaines de navires
comme l'une des plus sûres de la Côte.

LA PLAGE ET LA VILLE.

La plage est bordée de quais construits en 1856 et
encore en bon état. A cette époque, les transactions se
faisaient directement entre les navires et le rivage. Les
marchandises et les voyageurs étaient débarqués et
embarqués sur la plage même, au moyen d'embarcations
dites chelingues, encore en usage aujourd'hui, suffisam-
ment robustes pour pouvoir franchir la barre et en
même temps assez légères pour être remises sans
difficulté sur l'estran.

En 1865, on entreprit la construction d'un pont

débarcadère métallique, exécuté d'abord sur une longueur de 180 mètres, puis prolongé en 1881-1882 te en 1908-1909. Sa longueur totale est de 340 mètres. Jusqu'en 1910, les marchandises étaient manutentionnées sur cet ouvrage au moyen de deux grues à main de la puissance de 1 tonne et de 2 tonnes ½. La Chambre de Commerce de Pondichéry, qui a, depuis, obtenu la concession de l'exploitation du pont-débarcadère, y a installé une grue électrique de 5 tonnes et trois treuils roulants électriques, de la puissance de 1 tonne ½ chacune, plus spécialement affectés à l'embarquement des arachides en sacs.

Ce débarcadère, connu sous le nom de " Pier " permet en outre aux passagers de s'embarquer et de débarquer facilement sans affronter la " barre " très forte sur toute la Côte de Coromandel.

Depuis déjà plusieurs années und adduction d'eau et une usine électrique ont apporté une amélioration de bien être considérable en supprimant presque entièrement les anciennes épidémies qui décimaient la pupulation indienne.

Karikal.—Comme Pondichéry, Karikal, appelé par les Anglais, " la perle du Carnatic ", se trouve dans la vaste plaine qui s'étend entre les Ghats orientales et la côte de Coromandel.

Situé sur le bord de la mer, à environ 100 kilomètres au Sud de Pondichéry, Karikal possède, lui aussi, une rade foraine fréquentée par les vaisseaux anglais faisant le commerce entre cette ville et les Détroits (Singapore, Penang, Batavia, etc..)

A six kilomètres de Karikal, à Tirnoular se trouve une belle pagode réputée dans toute la péninsule.

Mahé.—Mahé, sur la Côte de Malabar, est un tout

petit territoire mais qui a bien son caractère. La température moyenne y est plus agréable que dans nos autres Etablissements; l'aspect général est celui d'une forêt de cocotiers et d'élégants aréquiers; quant à l'Hôtel de l'Administrateur, à l'angle de la plage et de la rivière, c'est une délicieuse installation coloniale.

KARIKAL - RESIDENCE DE L'ADMINISTRATEUR.

Chandernagor.—Chandernagor qui évoque le souvenir d'un passé glorieux et du long séjour qu'y fit DUPLEIX manque aujourd'hui d'animation détrôné qu'il a été par sa rivale victorieuse Calcutta. Cependant sa population s'accroît assez sensiblement. Des industries s'y sont créées et semblent prospères.

Chandernagor est admirablement située sur l'Hoogly, branche principale du fleuve Gange. Vue du fleuve, la ville, avec sa longue rangée de belles maisons qui bordent le Strand (promenade), a l'aspect d'une grande ville, tandis que le quartier opposé, près de la gare, ressemble là une ville en ruines. Chandernagor n'a aucun territoire en dehors de la région urbaine.

V.—POPULATIONS ET RACES.

Nos Etablissements sont habités par les Hindous. On estime que ces peuples appartiennent à diverses races: ceux de nos Etablissements seraient vraisemblablement un mélange d'Aryens venus du coeur de

BAYADERE JOUANT DU " VINE."

l'Asie, de Touraniens arrivés du Turkestan par la porte de Caboul, et enfin de Musulmans, Arabes, Persans et Mongols, qui auraient modifié singulièrement les moeurs, les croyances et la civilisation générale de l'Inde et auraient augmenté la confusion des races en créant par le croisement un grand nombre de races secondaires.

Ces races fondamentales se sont fondues dans une race unique, connue sous la dénomination générale d'Hindous. Ces peuples sont rigoureusement répartis en castes qui n'ont aucune relation les unes avec les autres. "Nulle part, même là où se parle la même langue, un lien commun de patriotisme ne réunit pauvres et riches, parias et brahmanes. (1) " On distingue quatre castes : 1° les brahmanes ; 2° les gens de campagne ; 3° les marchands, et 4° les industriels ; mais ces quatre castes principales se subdivisent en un très grand nombre de castes secondaires, dont il est bien difficile de faire le dénombrement. Ce qu'il y a de certain, c'est que les deux extrêmes sont représentés par les brahmanes au sommet et les Tchandala, " êtres impurs, rebut du rebut," au bas de l'échelle. L'Hindou n'a d'autre tribu que sa caste. C'est une grande famille, une véritable corporation qui défend avec acharnement les droits de ses membres ; mais une seule faute suffit pour précipiter l'individu dans une caste inférieure. Le crime le plus grave est de se laisser approcher par un homme de race impure, d'accepter de sa main un vase d'eau ou quelque nourriture défendue (2). " Comme on voit, cette division rigoureuse par castes procède directement de la religion. C'est, en effet, le brahmanisme qui constitue encore aujourd'hui la religion fondamentale de l'Inde, avec son rituel, son organisation et ses

1. Cf. Lanier, Lectures géographiques.

2. Elisée Reclus ; VIII.

prêtres. Mais le brahmanisme lutte contre le boudhisme, fondé six siècles avant Jésus-Christ par le pro-
phète Çakya-Mouni. Aujourd'hui le brahmanisme, a
repris son influence sous le nom général d'hindouïsme,
qui est la religion nationale des Hindous, et se propage

UN PANDARAM—MENDIANT INDIEN.

rapidement chez les tribus païernes. Les autres religions moins importantes sont l'islamisme, entrée au
XIIeme siècle dans l'Inde "par la prédication du

sabre " ; le parsisme, qui ne compte dans nos établissements qu'un très petit nombre d'adhérents, et enfin le
christianisme, avec un assez petit nombre de prosélytes,
qui augmentent d'ailleurs rapidement.

Les races qui dominent dans nos Etablissements sont
à Chandernagor, les Soudras, issus d'un mélange entre
brahmanistes, et les Vaysias. Les Soudras se subdivisent
à leur tour en hautes castes, généralement agricoles,
castes intermédiaires, qui se recrutent chez les marchands, et basses castes, presque toutes industrielles.
Ces Soudras appartiennent aux peuplades Tamoul et
Telinga à Pondichéry, Yanaon et Karikal ; aux Gaurs
et Bengalis à Chandernagor, et aux Maplots ou Maléa-
lums à Mahé.

La caste d'un Hindou se reconnait à la désinence de
son nom, chacun possédant un suffixe qui s'ajoute aux
noms individuels. Quand aux Parias, ils sont sub-
divisés en trois ordres et treize castes. Bien que les
castes doivent défendre leurs prérogatives et obéir
aveuglément à un chef général dit Nadou, l'influence
de la France tend à les faire disparaître de plus en plus.

Les Indiens ayant renoncé à leur statut personnel
deviennent de plus en plus nombreux, de sorte qu'entre
les Européens et les natifs, se placent aujourd'hui les
renonçants qui sont fatalement destinés à absorber les
Indiens restés fidèles à leurs cultes et à leurs traditions.
" Profondément attachées à leurs usages et à leurs
cultes, les populations de l'Inde Française ont néan-
moins un vif amour pour leur patrie d'adoption et de
choix, la France ; leur esprit patriotique et leur sagesse
sont également remarquables. Les moeurs ont une
certaine simplicité ; le travail des champs est assidu ;
le industries récemment créées ont trouvé chez les

natifs un concours patient et habile. Ce qui gouverne dans la caste, c'est la famille ; les lois de Manou l'entourent d'un grand nombre de garanties précieuses (1) ''.

La population de l'Inde française était au dernier recensement 269,579 habitants dont 2236 européens ou descendants d'européens.

La moyenne est d'environ 62 habitants par kilomètre carré.

1. La France Coloniale, Indiens français, par Henri Deloncle.

3ème **PARTIE**

—

ORGANISATION
ADMINISTRATIVE.

I.—FINANCES.

Le budget des Etablissements francais de l'Inde est arrêté pour 1921 à 2,457,850 Roupies soit, an taux de 1 fr 67 1a roupie, une somme do 4,104,600 francs.

Le tableau ci-dessous donne le résultat des opérations financières de la Colonie pour les dix dernières années.

	Recettes.	Dépenses.	Excédent de recettes.
	Rs.	Rs.	Rs.
1911	1,745,485,271	1,718,200,222	27,285,049
1912	1,932,038,512	1,683,102,833	248,935,679
1913	2,078,329,634	1,846,623,723	231,705,911
1914	2,135,125,327	2,040,366,247	94,759,080
1915	2,127,814,405	1,986,679,171	141,135,234
1916	2,175,592,061	2,069,623,903	105,968,161
1917	2,250,929,524	2,216,979,342	33,950,182
1918	2,192,734,570	2,096,609,860	96,124,710
1919	2,318,957,482	2,294,817,756	24,139,726
1920	3,010,013,393	3,010,013,393	,,
	21,967,020,182	20,963,016,450	1,004,003,732
Moyenne annuelle:	2,196,702,018	2,096,301,645	1,004,000,373

Fervents adeptes du culte des ancêtres et vivant pour la plupart dans l'indivision, les Hindous qui ne possèdent pas de noms patronymiques, tiennent à conserver religieusement sur les titres cadastraux le souvenir des membres de leurs familles, premiers acquéreurs de leurs propriétés. Il y a là une tradition millénaire fortement enracinée que seul le temps peut arriver à atténuer en faisant ressortir les avantages des mutations de cotes.

Tableau faisant ressortir les mesures fiscales prices dans les Establissements français de l'Inde pour luttur contre l'alcoolisme et les resultats obtenus.

Années.	Accroissements de la taxe de Consommation.		Décroissance correspondante de la consommation d'arrack.	
	Par velte.*	La taxe de 1912 prise comme unité.	Consommation en velte.	La consommation de 1912 prise comme unité.
1912	3	1	85,940	1
1913	3,500	1,166	71,629	0,83
1914	do.	do.	65,804	0,76
1915	do.	do.	58,260	0,67
1916	do.	do.	58,214	0,67
1917	4,500	1,500	57,475	0,66
1918	do.	do.	52,344	0,60
1919	do.	do.	54,794	0,63
1920	5,187	1,729	52,202	0,60
1921	7,050	2,350	40,373	0,46

* 1 velte = 7 litres, 500.

L'attention des autorités locales s'est portée également d'une manière constante depuis près de quinze ans, sur les moyens de combattre les progrès de l'alcoolisme. Elles ont employé notamment le moyen fiscal qui consiste à relever les droits de plus en plus et de telle façon que pour un revenu égal du consommateur et une dépense égale d'achat de spiritueux la quantité de l'alcool absorbé diminue d'année en année.

En vertu de ce principe, le droit de consommation sur les spiritueux qui était, en 1911, de 6 caches ¾ par drachme d'arrack (0,044 par centilitre d'alcool du pays), est aujourd'hui de 20 caches, soit une augmentation de 0,027 par centilitre.

Une plus-value dans le rendement des impôts a permis au budget des dépenses de faire face aux besoins généraux sans recourir à de nouveaux emprunts pendant la guerre. C'est ainsi que la Colonie a pu achever les travaux du Cadastre de Pondichéry, entreprendre ceux de Karikal, pourvoir aux grosses réparations des bâtiments publics et des divers ouvrages construits dans la Colonie, assurer le paiement des majorations de solde accordées aux fonctionnaires et agents pour leur permettre de supporter le renchérissement de la vie.

Jusqu'à l'année dernière, le budget des dépenses était même grevé d'une charge spéciale pour l'amortissement de l'emprunt contracté en 1906, en vue d'exécuter un programme.

La Colonie a donc pu maintenir intacte sa situation financière, en dépit de la rareté du tonnage et du quasi arrêt du commerce d'exportation. Elle doit, d'ailleurs, il faut bien le dire, cette situation favorable en grande partie à sa position géographique.

Enclavés dans les possessions anglaises, ces dépendances en subissent intégralement les lois économiques, les évènements de l'extérieur n'étant susceptibles de les atteindre que dans la mesure où l'économie de l'Inde anglaise est elle-même impressionnée.

Or, la possession de nos Alliés a pu se suffire à elle-même pendant toute la durée de la guerre.

Les principales ressources qui alimentent le budget local sont les contributions directes ainsi que les droits de consommation sur diverses denrées.

BANQUE DE L'INDO - CHINE.

Parmi les contributions directes, l'impôt foncier mérite une mention spéciale : en 1911, il rapportait 239.391 Rs. 748 ; pour 1921, son rendement est évalué à 273.000 Rs.

L'amélioration est due à l'application du Cadastre dans l'Etablissement de Pondichéry. Ce travail s'achève actuellement à Karikal et se traduira pour le budget de 1922 par une augmentation de recette.

L'Administration locale et le Conseil Général ont voulu surtout moderniser le régime foncier : aux feuilles de palmier servant de papyrus cadastraux et sur lesquels figurent des hiéroglyphes à interprétations variées substituer des registres et des plans réguliers avec la physionomie exacte des terrains et assurer ainsi la péréquation de l'impôt d'une manière certaine, sans qu'aucune difficulté d'application puisse se produire à ce sujet.

La Cadastre est susceptible de révision tous les cinq ans ; l'Administration aura ainsi la faculté de tenir à jour ses registres.

Une difficulté persiste encore, cependant. Les propriétaires fonciers ne mettent, d'une manière générale et pour les raisons indiquées plus haut, aucun empressement à demander des mutations de cotes.

Le renchérissement du prix des matières premières n'a pas permis de poursuivre les travaux en entier et le reliquat de l'emprunt a été remboursé par anticipation.

Mais le programme est loin d'être abandonné. Un projet de loi actuellement soumis au Parlement prévoit pour l'Inde l'amélioration des ports de Pondichéry et de Karikal ainsi que des moyens d'irrigation.

Les travaux de vicinalité seront poursuivis par étapes successives directement sur les fonds de la Colonie (budget local ou Caisse de réserve).

II.—LEGISLATION MINIERE.

La législation minière a été établie dan les Etablissements de l'Inde par le décret du 25 Novembre 1884, dont les dispositions se rapprochent beaucoup de

celles qui ont été fixées par la législation métropoli-
taine. Cette préoccupation du legislateur s'explique par
ce fait que la propriété est plus solidement constituée
dans l'Inde qu'en Nouvelle-Calédonie, et que les plans
cadastraux ont été tracés d'une façon plus précise.
C'est ainsi que dans les établissements aucun droit de
préférence n'est reconnu à l'inventeur, et qu'au contraire
les droits du propriétaire du sol sur les produits extraits
sont très nettement réservés. Ajoutons que la surtaxe
imposée aux mines inexploitées qui a été supprimée en
Nouvelle-Calédonie a été maintenue dans l'Inde, parce
qu'au lieu d'être, comme dans la Colonie océanienne,
de 10 francs par hectare, elle n'est seulement que de
O fr 10. Quant au droit d'exploiter, il est consacré par le
système des concessions administratives. Pour le cas
où la concession n'est pas reconnue à l'inventeur, il lui
est accordé une indemnité à titre de remboursement de
frais. Le concessionnaire, une fois envoyé en possession, doit une redevance fixe qui porte non plus sur
l'hectare, mais sur le kilomètre carré, à raison de 10
francs le kilomètre et les mines inexploitées continuent
à être grevées d'une surtaxe de chômage qui est de 10
francs par kilomètre carré.

III.—DROITS POLITIQUES.

L'Inde Française est représentée au Parlement par
un Sénateur et un Député ; elle est dotée d'un Conseil
Général (28 membres), de cinq Conseils locaux tenant
lieu de Conseils d'arrondissement (42 membres pour
les cinq Conseils) et de 17 Conseils municipaux.

Les représentants au Parlement sont élus d'après
les mêmes règles qu'en France, Français et indigènes
exerçant des prérogatives égales.

Pour les Conseils électifs siégeant dans la Colonie, il /est formé deux listes distinctes d'électeurs. La première comprend les Français d'origine européenne résidant dans l'Inde, leurs descendants ainsi que les indigènes ayant renoncé à leur statut personnel, c'est-à-dire à la faculté de conserver leurs us et coutumes et remplissant certaines conditions spéciales (15 années de renonciation et cinq ans de fonctions électives ou publiques, ou possession de diplômes universitaires, etc...). Les sujets français conservant leurs us et coutumes ainsi que les indigènes renonçants ne remplissant pas les conditions ci-dessus font partie de la 2ème liste.

PONDICHERY.—HOTEL DE VILLE.

La répartition des sièges dans les différents Conseils est établie comme suit :

Conseils électifs.	1ere liste.	2eme liste.	Total.
Conseil Général . .	13	15	28
Conseils locaux . .	18	24	42
Conseils municipaux.	28	184	212
	59	223	282

Le nombre d'électeurs se répartit par Etablissement comme suit :

Etablissement.	1ere liste.	2eme liste.	Total.
Pondichéry. . . .	450	36,238	36,688
Karikal	88	10,421	10,509
Chandernagor. . .	26	3,454	3,480
Mahé	32	1,722	1,754
Yanaon	6	748	754
Totaux .	602	52,583	53,185

IV.—ADMINISTRATION.

Les Etablissements français de l'Inde sont placés sous l'autorité d'un Gouverneur. Ce dernier est assisté d'un Conseil Privé composé, sous sa présidence, de deux hauts fonctionnaires et de deux membres civils. Le Conseil Privé se transforme en Conseil du Contentieux administratif en s'adjoignant deux Magistrats.

Le Gouverneur a la haute main sur toutes les affaires de la Colonie qui relèvent plus particulièrement des Chefs d'administration et de service ci-après :

le Procureur Général, Chef du service judiciaire
le Trésorier-Payeur
le Chef du service des Contributions
le Chef du service de l' Instruction Publique
le Chef du service des Travaux Publics
le Directeur du Service de Santé
le Chef du service de la police
le Chef du service des Etablissements industriels
le Chef du service des Ports.

PONDICHERY PLACE DU GOUVERNEMENT ET FONTAINE CENTRALE.

Les bureaux du Gouvernement dirigés par le personnel des Secrétariats Généraux des Colonies, représentent la direction des finances et de la comptabilité. Ils sont chargés des correspondances du Gouverneur et de la centralisation de toutes les affaires administratives.

V.—ENSEIGNEMENT.

Enseignement Supérieur.—Il existe à Pondichéry :

1° Une Ecole de Droit où les jeunes gens, pourvus du Baccalauréat de l'Enseignement secondaire, peuvent faire trois années d'études avec faculté d'aller subir l'examen d'équivalence en France (Décret du 14 Mai 1920) ;

2° Une Ecole de Médecine où la durée des études est de 5 ans et qui prépare aux examens d'officiers de santé, d'infirmiers, de vaccinateurs et sages-femmes.

Enseignement secondaire.—L'enseignement secondaire est donné par un Collège Colonial dirigé, depuis 1899, par un personnel universitaire ; il est distribué d'après les mêmes programmes et plans d'études que dans les lycées et collèges de la Métropole et prépare aux mêmes examens.

Les seules différences qu'il présente portent sur l'étude des langues vivantes : l'anglais et le tamoul ont été, en raison des nécessités locales, adoptés comme secondes langues.

Enseignement primaire supérieur.—L'enseignement primaire supérieur est donné par le Pensionnat des Jeunes Filles et par le Collège Colonial. Dans ce dernier établissement, et en raison des nécessités budgétaires, on a fait coexister et fusionner l'Enseignement primaire supérieur et le Cours normal avec l'Enseignement secondaire sans latin. Cette organisation est rendue possible à cause de la grande similitude des programmes de ces deux enseignements. D'ailleurs l'enseignement primaire supérieur est délaissé actuellement au Collège Colonial dont les élèves, même après avoir

subi avec succès l'examen du Brevet élémentaire, continuent leurs études en vue de l'obtention du Baccalauréat de l'Enseignement secondaire (Sciences-langues
vivantes de préférence) qui leur ouvre plus de perspec-
tives que le Brevet Supérieur. Seules, se présentent
chaque année à ce dernier examen les élèves du Pensionnat des Jeunes filles.

Enseignement Primaire Elémentaire.—L'enseigne-
mont primaire élémentaire, de type français, suit dans
l'ensemble les mêmes programmes que l'enseignement
primaire élémentaire de la Métropole. Toutefois les
nécessités locales ont fait ajouter à ces programmes
dans quelques dépendances (Chandernagor, Mahé
Yanaon) l'étude élémentaire de la langue anglaise.

Enseignement de Langues Etrangères.—

(**I Tamoul** *a*) Un enseignement primaire supérieur,
donné au Collège Calvé de Pondichéry, et un Cours
normal de langue indigène pour Jeunes fillesont été
institués en vue de préparer les futurs instituteurs et
les futures institutrices de langue indigène.

b) Il est donné aussi un enseignement primaire en
langue indigène (tamoul, telinga, maléalam, bengali
arabe). Cette langue variant avec les dépendances
l'enseignement varie aussi naturellement. Mais les
programmes, la répartition des matières, les méthodes
s'imspirent dans l'ensemble des méthodes, répartitions
et programmes de l'enseignement primaire élémentaire
français, en tenant compte, bien entendu, de toutes
les modifications et différences qu'impose la différence
des langues.

II Anglais.—Un enseignement spécial en anglais
est donné, d'après les programmes des Universités
anglo-indiennes de Madras et de Calcutta, au Collège

Calvé de Pondichéry, au Collège Dupleix de Chandernagor et à l'Ecole anglaise de Mahé, connue sous le nom de section Mahésienne du Collège Calvé, par des Maîtres pourvus de diplômes anglais.

Les élèves de ces divers établissements ont la faculté de se présenter aux Examens de Matriculation devant les susdites Universités tout comme les jeunesgens des Collèges ou High Schools de l'Inde britannique.

Enseignement Professionnel.—Un enseignement professionel est donné à l'Ecole des Arts et Métiers de Pondichéry qui dépend du service des Travaux Publics.

Le nombre total des Maîtres de tous ordres de l'Enseignement officiel s'est élevé à 312 unités dont 74 femmes ; ces Maîtres sont tous laïques ; 11 sont Européens, 44 descendants d'Européens, tous les autres sont indigénes. Le nombre des élèves de l'enseignement officiel en 1920 s'est élevé à 9911.

Garçons . . . { Européens ou descendants d'Européens . . . . . 215.
{ Indigènes . . . . 6703.

Filles . . . . { Européennes ou descendantes d'Européens . . . . . 138.
{ Indigènes . . . . 2855.

Les crédits affectés aux divers ordres d'enseignements au budget de l'exercice 1920 sont :

Enseignement primaire	Rs.	136,443
„	secondaire	„	25,461
„	anglais	„	22,633
„	professionnel . . .	„	6,330
„	supérieur { Droit . . .	„	2,755
	{ Médecine .	„	5,635
Bureau de l'Instruction Publique .	„	8,348
	Total	„	207,605

A ce chiffre il convient d'ajouter pour bourses subsides ou subventions diverses . . . . . . 12,375 Rs.

Ce qui porte les dépenses faites pour l'enseignement dans l'Inde à la somme totale de . . . . 219,980 Rs.

Si l'on déduit de cette somme celle de—22,000 Rs. produit des rétributions scolaires, droits d'examens et vente des livres, il reste une dépense réelle de 197,980 Rs.

Les écoles privées ou libres ont été en ʼ1919-1920 au nombre de 72 :

24 étaient des écoles de garçons
11   „   „   de filles
37   „   „   mixtes

Le nombre des Maîtres de l'enseignement privé s'est élevé à 158, 11 y avait sur ce nombre 46 congréganistes (dont 4 prêtres des Missions étrangères et 42 religieuses appartenant à diverses congrégations : St. Joseph de Cluny, St. Coeur de Marie, St. Louis de Gonzague).

Le nombre des élèves de l'enseignement privé s'est élevé à 5,720. Sur ce nombre 74 garçons et 168 filles étaient Européens ou descendants d'Européens. En résumé il y a eu en 1920, dans les diverses écoles publiques et privées de la Colonie, une population scolaire qui, dans l'ensemble, s'élevait à 15,631 unités, soit 9,911 pour les écoles officielles et 5,720 pour leséco les privées.

Ce chiffre est supérieur de 424 unités à celui de 1919 qui accusait un total de 15,207 unités. L'augmentation porte sur l'enseignement officiel pour 420 unités et sur l'enseignement privé pour 4 unités.

VI.—JUSTICE.

ORGANISATION JUDICIAIRE.

Le service de la Justice, qui est placé sous l'autorité du Procureur Général, est assuré dans les Etablissements français dans l'Inde, par :

1° Une Cour d'Appel, siégeant à Pondichéry.

2° Trois Tribunaux de 1ère Instance, à Pondichéry Karikal et Chandernagor.

3° Deux Justices de Paix à compétence étendue à Mahé et à Yanaon.

4° Trois Justices de Paix à compétence normale à Pondichéry, Karikal et Chandernagor.

La Cour d'Appel, en dehors des attributions normales qui lui appartiennent comme aux Cours d'Appel de la Métropole, statue sur les demandes en annulation des jugements en dernier ressort rendus par les Tribunaux de Paix en matière civile ou de simple police.

Une Cour criminelle siège trimestriellement dans chacun de nos Etablissements pour juger les individus renvoyés devant elle par la Chambre des mises en accusation ; elle est composée à Pondichéry, de trois membres de la Cour d'Appel et de quatre assesseurs, tirés au sort sur une liste de 40 assesseurs. Dans les Dépendances, la Cour Criminelle est composée d'un Conseilller, Président, du Président du Tribunal ou du Juge de Paix, d'un fonctionnaire désigné annuellement par le Gouverneur et de quatre assesseurs. Les Européens ne peuvent être jugés que par la Cour Criminelle de Pondichéry.

La Chambre des mises en accusation, siégeant à Pondichéry, se compose d'un Conseiller, Président, du Juge-Président et du Juge de Paix de Pondichéry.

La juridiction administrative appartient au Conseil du Contentieux administratif présidé par le Gouverneur ou en son absence par le Secrétaire Général et composé des membres du Conseil Privé auxquels viennent s'adjoindre deux Magistrats.

Notariat.—Jusqu'en 1887, il existait dans l'Inde, à

côté des Notaires européens, des tabellions chargés de
la rédaction des actes concernant les natifs. Le tabel-
lion a été supprimé et le Notariat a été organisé dans
des conditions analogues à celles en vigueur dans la
Métropole.

Barreau.—Les parties ont le droit de présenter elles-
mêmes leur défense ; celles qui n'usent pas de cette
faculté ne peuvent être représentées que par des conseils commissionnés, dont les attributions sont à la
fois celles de l'Avoué et de l'Avocat.

LEGISLATION.

La législation, en vigueur, est, dans son ensemble
celle de la Métropole. Les Codes ont été rendus applicables à la Colonie, sauf certaines modifications ren-
dues nécessaires par l'organisation judiciaire locale.

Toutefois, le Code civil ne s'applique pas intégralement aux Indiens qui ont le droit de faire juger leurs
differends suivant les lois, usages et coutumes de leurs
castes. On applique le Coran aux Musulmans et le
Mamoul aux Gentils. Les Indiens peuvent renoncer
à leur statut personnel et ils sont alors régis ainsi que
leurs femmes et leurs enfants mineurs par les lois
civiles et politiques applicables aux Français dans la
Colonie.

Une ordonnance du 30 Octobre 1827 a institué un
Comité consultatif de jurisprudence indienne, chargé
de donner son avis sur les questions intéressant les
lois indiennes et les us et coutumes des Hindous.

4ème PARTIE

ORGANISATION ECONOMIQUE.

I.—AGRICULTURE.

Sous la domination française, l'agriculture a conservé, dans la vie économique et sociale du pays, la part prépondérante qu'elle y occupait depuis des siècles.

Nos agriculteurs, comme leurs voisins anglais, ont accompli, dans cet ordre d'idées, des efforts remarquables qui ont abouti à transformer en champs fertiles des étendues desséchées et incultes.

Ces résultats ont été obtenus par l'adoption de cultures par submersion qui ont motivé l'aménagement d'un système d'irrigation que le génie français a grandement amélioré et dont il devra poursuivre l'aménagement dans l'avenir s'il veut assurer la subsistance de la population très dense qui peuple nos Etablissements.

CULTURE DU RIZ.

Au point de vue alimentaire, il y a une distinction à faire entre les riz gluants et non gluants.

Les premiers sont tres chargés en dextrine, sucre et matières grasses qu'on trouve en moindre abondance dans les riz non gluants.

D'autre part, au point de vue des méthodes culturales les précédents rentrent dans la catégorie des riz aquatiques.

D'autres espèces de riz (riz sec ou manarai nellou) se contentent des eaux de pluie.

Les riz aquatiques sont cultivés dans les terrains bas et par conséquent faciles à inonder.

On sème fin Juillet ou commencement d'Août et l'on irrigue faiblement, les semis restent en terre pendant un laps de temps qui est admis comme devant compter autant de semaines que le plant mettra de mois à entrer en matière.

On cesse ensuite l'irrigation pendant 8 ou 10 jours. Les petites feuilles vertes commencent à apparaître et l'on commence alors à irriguer en recouvrant la terre de 5 á 6 centimètres d'eau, cette hauteur est augmentée au fur et à mesure que la plante s'élève.

Lorsque le riz atteint sa plus grande hauteur (80 à 90^{cm}) l'irrigation deviendrait inutile et même nuisible.

Quatre mois après la plantation, c'est-à-dire environ 5 mois ½ après les semailles, le riz est mûr et bon à récolter. On le coupe à la faucille et on en fait des meules.

Pour séparer le grain de la paille, on frappe les gerbes sur le sol jusqu'à ce que les 4/5 environ des grains se répandent sur l'aire, on fait piétiner ensuite les gerbes par des boeufs.

Riz de terrains secs.—L'humidité nécessaire pour cette culture est obtenue soit par les pluies, soit au moyen de puits dont l'eau est élevée par des procédés qui seront énumérés plus loin.

Comme la saison des pluies se déclare en général, à une époque bien déterminée, les cultivateurs ensemencent 2 mois avant cette époque et les pluies n'arrivent que pour activer la croissance et la maturité.

Engrais.—Cette question n'a pas jusqu'ici intéressé énormément les cultivateurs indiens qui sont favorisés, à cet égard, par le limon fécondant des rivières

La fumure la plus généralement employée jusqu'ici a été la feuille du porcher, arbre que l'on trouve sur toutes les routes du sud de l'Inde.

Quelques essais ont été tentés pour utiliser la poudre d'os comme fumure.

Rendement.—D'après les statistiques agricoles de Pondichéry, le rendement d'un hectare de terres hautes est de 30 à 35 hl de graine et 2800 à 3000 kilos de paille·

Les riziéres irriguées artificiellement donnet 40 á 45 hl à l'hectare et celles irriguées et convenablement fumées produisent jusqu'a 85 hl.

Il faut 55 à 70 kilos de grains pour ensemencer un hectare à la volée, en semis et transplantés par la suite, 28 kilos sont suffisants pour la même étendue de terrain.

Un litre de grain pèse environ O k 670 et les cosses rentrent dans une proportion variant entre 33 et 36% du poids.

TERRITOIRE DE PONDICHERY.

La surface totale de notre principal Etablissement est de 29.145 ha. La ville, elle même peuplée de 45.000 habitants occupe 22 ha sur le bord de la mer ; la surface cultivée est de 21.500 ha environ soit 73% environ de la surface totale.

La surface cultivée est ainsi répartie :

Cultures irriguées (riziéres, potagers, indigo, canne à sucre, bétel) 8.400

Cultures séches (arbres fruitiers, graines oléagineuses, menus grains) , ...   13.100

———————

21.500

Les 8.400 ha de terres irriguées appartiennent à

11,600 propriétaires, les 13.600 ha des terres séches à moins de 18.000 propriétaires.

L'établissement est compris dans le bassin inférieur de riviéres dont les plus importantes sont :

la Gingy

le Ponnéar.

La Gingy se ramifie à 7 kilomètres de son embouchure en deux bras :

la rivière d'Ariancoupom

le Chounnambar

Ses affluents sont :

la Vicravandy

le Pambéar

le Coudouvéar.

L'un des canaux dérivés de la Gingy, sur la rive gauche, alimente, par le canal de Souttoukény qui est pourvu d'un barrage constituant un ouvrage d'art assez important, le Grand Etang d'Oussoudou (superficie 777 ha capacité, 12 à 13 millions de mètres cubes).

En 1830, un ingénieur français a creusé le canal de Villenour qui irrigue les rizières de Villenour, Odiampeth et Oulgaret.

Les affluents de la Gingy mentionnés plus haut contribuent à l'irrigation au moyen de canaux secondaires pourvus de barrages en terre que les crues emportent ensuite.

Sur certains points, des ouvrages durables ont été établis comme celui du Coudouvéar qui régularise le régime des étangs de Sattamangalom, Nallatour, Ambalour, Manancoupom et Corcadou.

De la rivière Ponnéar qui limite au Sud, l'établissement, dérivent trois canaux :

le Couttiancoupom

le Bangarvaïkal

le Tillérivaïkal

Le deuxième alimente le Grand Etang de Bahour (6 millions de mètres cubes).

Enfin entre la Gingy et le Ponnéar, coule le Maltar dont le cours principal va se jeter dans l'étang d'Archiwack 1,150,000 m³).

En dehors des étangs sus-indiqués alimentés par les rivières on en trouve dans nos Etablissements un grand nombre qui reçoivent les eaux de pluies.

GRAND ETANG.

Enfin, particulièrement dans la région comprise entre le Maltar et la Gingy l'irrigation est en partie assurée par des puits munis d'un appareil élévatoire appelé picotte qui rappelle la " shadouf " des Egyptiens.

La picotte est constituée par un levier dont le point d'appui est au milieu ; l'une des extrémités est munie d'une corde à laquelle est attaché un vase hémisphérique en tôle qui sert à puiser l'eau.

Des manœuvres en se déplaçant sur le levier l'inclinent ou le relèvent suivant qu'il s'agit d'abaisser le vase jusqu'à la nappe d'eau ou de le relever lorsqu'il est rempli jusqu'à la margelle où un autre manœuvre le fait basculer pour le vider.

Des perfectionnements ont été appliqués à ce système que le bon marché de la main d'œuvre rend encore praticable mais qu'il y aurait avantage à remplacer par un système d'élévation mécanique.

Divers projets dans ce sens ont été étudiés par les services techniques.

Etablissement de Karikal.

La superficie totale est de 13,515 ha ainsi répartie :
Cultures irriguées (rizières, potagers, bétels.   9,170 ha
Cultures sèches (arbres fruitiers, menus grains **620 ha**

           soit au total . . . . . . 9,790 ha.
consacrés à la culture qui représentent à peu près 72% de la surface totale.

La proportion des terres irriguées est, on le voit, considérable.

L'Etablissement est situé dans le delta du Cavéry. Il reçoit des contingents d'eau déterminés par les règlements du " Cavéry system ", qui précise pour chaque ouvrage, l'importance du contingent attribué à chaque dérivation.

Ces règlements placent les cultivateurs de notre Etablissement dans une situation nettement défavorable particulièrement en temps de sécheresse lorsque l'eau devient rare.

Des travaux ont été entrepris, de 1913 à 1917, en vue d'améliorer nos ouvrages régulateurs de Manamoutty

UNE PICOTTE.

sur le Tiroularsenar et à Nallatour ; sur le Nandalar d'autres améliorations sont à l'étude mais la réalisation des mesures d'ordre international s'impose comme la revision des règlements d'eau et l'établissement d'un contrôle efficace pour leur application.

ETABLISSEMENT DE YANAON.

L'Etablissement est divisé en deux parties par la rivière Coringa issue du Godavéry.

La partie occidentale est arrosée par le canal d'Ingerom dérivé du Godavéry, la partie occidentale, dite plaine d'Adivipolam est peu cultivée ainsi que l'île française d'Isquitipa dans le Godavéry maritime.

La superficie totale est de 1786 ha dont 182 ha cultivés en rizières et 467 ha en menus grains.

Etablissement de Mahe.

Cet établissement à une superficie de 5,900 ha dont 1,115 ha cultivés en rizières et 4339 en menus grains.

Le sol est fertile et planté surtout en arbres fruitiers (cocotiers, arequiers, jaquiers, manguiers, poivriers, etc).

Etablissement de Chandernagor.

Chandernagor est une petite ville dont la superficie est de 920 ha pour une population de 25,000 ha environ et son territoire ne comporte aucune culture.

II.—INDUSTRIE.

Les produits du pays, exploités et manufacturés sur place, sont les suivants : indigo, coton. peaux fraîches et salées, sucre brut pour la fabrication de l'arrack (1) ; arachides, sésames, tourteau. cocos et ricin. La plus importante de ces industries est certainement celle du coton. Il existe, en effet, à Pondichéry quatre filatures de coton, une huilerie à vapeur et trois presses à bras. Les filatures foulent et tissent mécaniquement des toiles de coton de diverses sortes, telles que guinées, percale et tissus divers ainsi que des filés qui s'expédient tant en France qu'aux colonies françaises, où ils bénéficient à l'entrée de la franchise du droit de douane, conformément à la loi du 19 avril 1904 et au décret du 17 février 1906.

L'industrie cotonnière a créé à Pondichéry l'industrie de la teinturerie. Pondichéry reçoit non seulement des environs, mais même de la Métropole, des toiles blanches qui sont transformées en guinées ou percales bleues pour être vendues dans nos colonies du Sénégal, la Réunion et Madagascar. Quelques balles sont également exportées au Maroc. Ce sont là les industries principales mais Pondichéry possède en outre quelques tanneries, de nombreux fours à briques et de petites huileries. L'industrie de la tannerie ne s'est développée que depuis quelques années. Les peaux de chèvres, de moutons, de vachettes, de buffles, tannées dans la colonie sont exportées principalement en France, au Japon et aux ports des Détroits.

La fabrication d'huiles d'arachides est pratiquée depuis de longues années sur le territoire par un système qui est resté très primitif ; il consiste en de petits moulins séparés et actionnés par une paire de boeufs. Il existe également des huileries à presse et à vapeur destinées à l'extraction d'huiles d'arachides, de ricin et de coco. L'huile de coco est de meilleure qualité et remplace avantageusement la mentègue (beurre fondu). Or, il est certain qu'une grande industrie avec des presses, des machines perfectionnées serait appelée à réaliser de beaux bénéfices, surtout si le Gouvernement anglais apportait quelques adoucissements à l'application de l'Indian Act de 1894, ou encore si un droit élevé frappait en France l'importation des huiles étrangères. Les huiles d'arachides sont exportées aux ports des Détroits et en Indochine, mais en petite quantité, car partie de la récolte est consommée sur place. Il existe également à Pondichéry quelques indigoteries natives qui étaient, avant la découverte de l'aniline, dans un état assez prospère. Depuis, elles ont singulièrement périclité. Il s'exporte cependant encore quelques centaines de caisses d'indigo à destination de la France, de l'Angleterre et des colonies françaises et anglaises.

LES INDUSTRIES FAMILIALES.

Les Indiens de Pondichéry se livrent également en famille à la fabrication de quelques produits spéciaux, tels que poterie, mouchoirs dit burgos de Madras, pagnes, dentelles, broderies, bijoux, ouvrages d'orfèvrerie, statuettes, quincaillerie, etc. La poterie ainsi fabriquée est exportée en grande quantité à Colombo, Singapour et aux Détroits par de petits voiliers appelés " donhys ". Le filage des cotonnades par les femmes du pays a été presque complètement ruiné par la concurrence des cotonnades de Manchester et de Wintherthur. Cependant on trouve quelques beaux pagnes en soie et en coton tissés dans les villages de Mouttalpeth, de Nellitope et de Molapacom. On peut évaluer à 800 environ les métiers de tisserands qui existent encore à Pondichéry et dans ses environs. La dentelle et la broderie sont plus particulièrement confectionnées par des jeunes filles créoles et hindoues, sous la direction des Soeurs de Saint-Joseph-de-Cluny, qui ont organisé dans leurs écoles un atelier spécial. Ces dentelles et broderies, fort recherchées dans la colonie, s'expédient également à Saigon et en France, mais en très petite quantité.

La confection des meubles ouvragés n'occupe qu'un très petit nombre d'ouvriers et cependant il est certain que si ces meubles, extrêmement originaux, étaient connus en Europe, ils y seraient très appréciés. Il en est de même d'ailleurs de la confection des bijoux et ouvrages d'orfèvrerie en or et en argent, très recherchés par les Européens de passage dans la Colonie. Ces bijoux trouveraient certainement en France un écoulement facile s'ils n'étaient pas frappés à leur entrée dans la métropole de droits tellement élevés que les fabricants ne peuvent en tirer aucun bénéfice. L'or et l'argent employés dans ces ouvrages sont généralement de provenance anglaise, les Indiens ayant l'habitude] de

BAYADERE PRELUDANT A LA DANSE.

convertir en joyaux les pièces d'or et d'argent qui proviennent de l'Inde britannique.

Les autres petites industries que nous avons citées ne s'adressent qu'à la clientèle locale, exception faite pour les chapeaux ou casques en liège, nattes et chaussures, qui sont exportés en petite quantité vers la Cochinchine et qui, avant l'Indian Act de 1894, étaient également exportés vers Singapour et les Détroits.

En somme, on le voit, la seule industrie sérieuse de la Colonie est la filature et le tissage du coton. Quatre filatures fonctionnent actuellement sur le territoire de la Colonie. L'une d'entre elles, appelée filature Rodier ou encore " Anglo-French texile Company " dépasse toutes les autres en importance, puisqu'elle compte 44,000 broches et 1,000 métiers. Dans ces conditions, les filatures pondichériennes semblent appelées à fournir à nos colonies de la Mer des Indes et des Mers de Chine tous les filés et tissus qui leur seraient nécessaires. Mais combien cette industrie serait plus prospère encore, ainsi que celle des huiles d'arachides, si notre établissement de Pondichéry n'était pas enfermé dans une sorte de muraille entre l'Inde britannique, qui le considère comme ennemi et la France qui le traite comme étranger. Si l'on veut développer l'industrie de notre colonie, il faut arriver à une entente avec le gouvernement anglais pour supprimer les barrières actuelles de douanes et obtenir pour certains produits fabriqués un traitement de faveur à la rentrée en France. Ajoutons que les commerçants se plaignent aussi que les taux de frêt d'escompte et de change qui leur sont imposés soient plus élevés que ceux qui frappent leurs concurrents dans les villes anglaises voisines. Il serait donc désirable que l'on trouvât un moyen d'apporter un remède à cet état de choses. Les quatre filatures qui fonctionnent actuellement sont les suivantes :

La société Savana au capital de 5 millions de francs entièrement français emploie 2,000 ouvriers. Cette industrie fondée en 1828, est la plus ancienne de la péninsule.

Les filatures de Cossapaléom et de Modéliarpeth, appartenant à la société anglaise Kessoram Poddar et Cie., dont le siège social est à Calcutta. Elles occupent la première 400 ouvriers et la seconde 600 ouvriers.

La quatrième usine appelée " Rodier Mill " est installée également dans le village de Modéliarpeth et appartient à la maison anglaise Best.

Il existe une forge, une fonderie et un laminoir. Ces établissements appartiennent à la maison Best. La forge et la fonderie confectionnent des pièces nécessaires aux diverses filatures de la place, aux services local et municipal de Pondichéry et même aux filatures du Sud de l'Inde.

Le laminoir sert à la fabrication des fers marchands, plats, ronds et carrés.

La matière première, le vieux fer, est fourni par le territoire anglais.

La ville de Pondichéry compte également une glacière et un broyeur d'os, appartenant à M. Jules Guerre, et cinq décortiqueuses de riz et de grains nourriciers tenues par divers propriétaires.

CHANDERNAGOR.

Il existe une usine de jute et une autre société (Société Générale Industrielle de Chandernagor) créée pour le tissage des toiles dites de gony et des sacs

Les produits fabriqués dans la Colonie sont expédiés à Calcutta et exportés en Europe.

YANAON.

On signale à Yanaon 31 métiers de tissage à la main, 3 moulins et 9 poteries. De ces produits, la majeure partie est consommée sur le territoire même ; le reste est vendu sur le territoire anglais.

MAHE.

Il n'existe actuellement dans la dépendance de Mahé aucune usine, celle, qui avait été ouverte en 1892 pour la fabrication des conserves des sardines ayant été transférée sur le territoire anglais. Les seules industries intéressantes sont, d'une part, la pêche, la salaison des poissons, qui autrefois faisait vivre un très grand nombre de pêcheurs, reprend de l'extension depuis la suppression des droits à la sortie du territoire ; d'autre part, la fabrication du coprah par le broyage du coco. La majeure partie de cette huile est consommée sur place, le reste est exporté par le petit port de Tellichéry.

KARIKAL.

On compte à Karikal quelques moulins en bois, de forme rudimentaire, actionnés par deux bœufs pour l'extraction de l'huile des cocos. Les bourres sont employés au chauffage des fours à chaux. Le tissage à main est le monopole des castes de Caïclava, de Cannadia et de Senia qui utilisent des fils d'Europe et une petite quantité de fils fabriqués avec le coton du pays et apportés du territoire anglais. Ces toiles sont pour la plupart employées sur place, le reste est exporté vers Colombo et les Détroits. Depuis quelques années, les manufactures de Londres expédient dans l'Inde entière, à des prix très réduits, toutes les espèces autrefois fabriquées par les tisserands indigènes, avec un dessin et une couleur absolument identiques. Il faudrait, pour relever cette industrie, substituer aux procédés actuels des usines et des métiers mécaniques. Jusqu'à présent le tissage se pratique, dans chaque maison, avec un ou deux métiers dont chacum ne comporte qu'un seul ouvrier, en dehors de ceux qui sont employés au lavage, à la teinture et à l'ajustage. Tous les habitants de la maison, hommes et femmes participent à ce travail, et le capital engagé est des plus minimes.

L'établissement de Karikal possède sept usines à decortiquer le nelly, dont deux fonctionnent au moyen de moteurs à charbon les cinq autres au moyen de moteurs à pétrole.

III.—COMMERCE.

1° IMPORTATIONS.

Les importations par mer, dans les Etablissements français de l'Inde, se sont élevées :

En 1850	2,776,449	frs.
1860	6,319,235	„
1870	5.253,409	„
1880	7,970,068	„
1890	4,637,956	„
1900	4,029,536	„
1910	8,376,531	„
1911	8,618,302	„
1912	9,031,780	„
1913	10,837,115	„
1914	7,545,629	„
1915	6,187,351	„
1916	4,418,102	.,
1917	13,225,207	„
1918	4,239,071	„
1919	22,529,737	„
1920	673,076,798	„

(dont 644,858,539 frs représentent la valeur de l'importation des piéces d'or provenant des établissements anglais des Détroits.

L' écart considérable entre les chiffres des années 1918 et 1910 est dû à la recrudescence de la guerre sous-marine en Méditerranée et à l'arrêt momentané de tout commerce suivi entre l'Inde et la France.

La mise en l'application de l'Indian Act a eu pour conséquence d'isoler entiérement notre marché, qui jusqu'alors, était le centre principal des transactions

pour les produits indiens provenant de la côte orientale
et du golfe du Bengale. Emue de cette situation, la
Chambre de Commerce de Pondichéry réclamait, dès
1894, des modifications au tarif établi par le Gouvernement britannique. Cette compagnie faisait remarquer
notamment qu'un principe prévaut dans toutes les lé-
gislations douaniéres : celui de la détaxe sur les
produits et marchandises transitant sur le territoire.

A cet argument, le Gouvernement anglais répondait
que, l'Indian Act n'ayant pas pour but d'établir un
tarif douanier, mais simplement un droit fiscal, l'obser-
vation faite par la Chambre de Commerce n'était pas
justifiée. Il est exact d'ailleurs que ce droit frappe
tous les produits et toutes les marchandises fabriqués
et importés d'Angleterre, des Colonies anglaises et de
l'île Ceylan.

Cependant sur les instances réitérées de l'administration française, quelques adoucissements out été
apportés à ce regime pour les ports de Pondichéry et
Karikal. Une exemption de taxe a été accordée aux
sacs de gonys et aux huiles d'arachides.

Ces dérogations ne donnent, toutefois, qu'une faible
satisfaction au Commerce local et de nonveaux pourparlers sont engagés pour obtenir des avantages plus
sérieux. Parmi les projets à l'étude, l'un deux est plus
particulièrement envisagé en raison des avantages
pratiques qu'il présente. Il consisterait daus l'établissement d'un droit de 5% sur tous les produits et marchandises debarqués sur notre territoire. Cette mesure
tendrait à créer une sorte d'union douanière avec l'Inde
anglaise, et nos voisins n'auraient plus à redouter l'en-
vahissement de leur territoire par des produits n'ayant
pas acquitté le droit imposé par l'Indian Act.

2° EXPORTATIONS.

Les exportations se sont élevées :

En 1850	10,204,438	frs.
1860	25,995,705	„
1870	13,831,923	„
1880	25,441,646	„
1890	17,099,046	„
1900	10,713,834	„
1910	37,466,013	„
1911	37,218,209	„
1912	37,218,209	„
1913	43,720,095	„
1914	34,303,511	„
1915	21,155,197	„
1916	23,157,048	„
1917	20,366,320	„
1918	15,886,384	„
1919	26,792,148	„
1920	23,805,649	„

Le principal commerce d'exportation depuis 1877 est celui des arachides décortiquées qui alimentent les huileries de Marseille. Jusqu'alors, le commerce de notre Colonie n'avait guère consisté que dans l'expédition de quelques centaines de caisses d'indigo et de quelques milliers de tonneaux d'huile de coco. Mais la concurrence de l'île de Ceylan et de la côte Malabar a presque entièrement ruiné cette dernière ressource du commerce de transit.

Quant à l'indigo, il a été à peu près abandonné depuis la découverte, en Europe, des couleurs à base d'aniline. L'indigo dit « de Madras » est devenu dès ors d'un écoulement si difficile et d'un emploi si res⁻

treint que les indigoteries de Pondichéry n'y trouvent plus de profit. On a presque complètnment suspendu leur expédition et c'est à peine s'il s'en expédie 6 à 700 caisses à destination de la France et de l'Angleterre. Le reste de la fabrication est employé par la teinturerie locale.

Cette situation a déterminé les cultivateurs à se consacrer à la culture des arachides, qui demande

PONDICHERY — ETALAGE EN PLEIN VENT.

moins de soins et assure un revenu plus régulier et plus sûr. C'est aux environs de 1877 et 1878 que l'exportation de cette graine a commercé.

En 1897 et 1898, la récolte a manqué presque complètement. Les uns expliquent cette défaillance par des raisons d'ordre climatérique, les autres par l'appauvrissement du sol et la dégénérescence de la semence. Des essais sérieux sont tentés en vue d'améliorer la culture des arachides. Des graines ont été achetées au Sénégal et en Mozambique et distribuées aux cultivateurs de notre territoire.

Il est une autre cause plus certaine qui explique la diminution de l'exportation : c'est l'élévation du prix de transport du lieu de production au port d'embarquement.

Les arachides achetées par nos maisons de commerce sur le marché anglais de Cuddalore doivent, en effet, pour entrer dans notre territoire, faire un circuit de 70 kilomètres environ, par l'embranchement de Villupuram à Pondichéry, ce qui met nos négociants dans une situation réelle d'infériorité à l'égard des exportateurs anglais.

Il est vrai que les frais d'embarquement à Pondichéry sont moins élevés que ceux du port voisin, mais cette réduction des tarifs n'est pas assez sensible pour couvrir l'élévation des frais de transport par chemin de fer qui grèvent les marchandises en question. La Chambre de Commerce de Pondichéry estime qu'il suffirait, pour remédier à cet état de choses, d'entreprendre la construction du chemin de fer de Pondichéry à Tiroupapaliour, ce qui aurait le grand avantage d'éviter l'immense circuit dont nous avons parlé et le tarif réduit de nos droits d'embarquement permettrait à nos négociants de lutter avec avantage contre le port voisin.

Mais il est à craindre que cette solution, envisagée fermement jusqu'en 1907, puis momentanément abandonnée faute d'accord avec les autorités voisines, ne puisse être reprise de longtemps.

Parmi les autres produits de l'exportation, il faut mentionner les toiles et guinées tissées par les filatures locales, et qui sont en grande partie expédiées à Madagascar ou en France pour être ensuite dirigées sur le Sénégal et la côte d'Afrique.

MOUVEMENT COMMERCIAL DES ETABLISSEMENTS FRANCAIS DE L'INDE PENDANT LES ANNEES 1910 ET 1920.

IMPORTATION.

PAYS D'ORIGINE	ANNÉE 1910. Quantités. Kilos.	Litres.	Nombres.	ANNÉE 1910. Valeur en Francs.	ANNÉE 1920. Quantités. Kilos.	Litres.	Nombres.	ANNÉE 1920. Valeur en Francs.
France	409.392	197.687	1,027	561.086	189.730	124.018	46	1,365.301
Colonies Françaises	14.835	12,456	10	45.620	7.430	2.682	1	49.189
Colonies Anglaises	4,921.977	14,555	11,735	5,021.558	760.953	48,270	30,944	5.516.147
Ceylan	855.512	..	15	76,857	307.579	12	37	37,260.746
Russie	..	..	..	..	3.004,710	..	..	3,282.644
Amérique	6.482.360	..	..	1,210.515	8.420.123	..	...	10.579.951
Autres pays	18,660,908	27,386	599	1,459.995	2,832.327	..	2,898	619,022,820
Total ..	30,844,479	252,086	14,286	8,376,531	15,522,952	174,982	33,926	673,076,798
Par nature D'Articles.								
Arecs { entiers	520.000	..	..	422.583	750	..	..	1,827
Arecs { coupés	1,726 000	..	..	746.360	1,848.396	..	...	2,746.715
Pétrole	6,482.360	..	..	1,210.515	11,485.733	..	..	13,873.250
Pétards	14,125	..	..	106.605	428,915	..	..	1,565,799
Pièces d'or	..	..	..	..	..	..	..	644,858.539
Boissons	..	243,382	..	292,520	..	174,982	..	608,422
Machines et mécaniques	208,000	..	9	192,997	100	..	70	699,074

PAYS DE DESTINATION.	ANNÉE 1910.				ANNÉE 1920.			
	Quantités.			Valeur en Francs.	Quantités.			Valeur en Francs.
	Kilos.	Litres.	Nombres.		Kilos.	Litres.	Nombres.	
France	2,448,348	..	..	21,742,065	13,257,872	..	..	9,182,297
Colonies Françaises	983,026	15,552	..	2,903,492	2,685,348	4,722	..	9,444,582
Colonies Anglaises	3,290,490	2,440	39,074	3,660,958	3,982,273	5,463	415,176	3,721,899
Ceylan	124,000	..	211,500	1,162,072	..	..	603,891	90,100
Russie	..	..	..	..	..	..	..	..
Amérique	..	..	..	..	..	..	..	..
Autres Pays	583,706	..	9,275	7,988,426	470,790	..	4,720	1,365,771
Total ..	7,429,570	17,992	259,849	37,466,018	20,396,278	10,185	1,028,787	23,805,440

Par nature d'Articles.

	Kilos.	Litres.	Nombres.	Valeur en Francs.	Kilos.	Litres.	Nombres.	Valeur en Francs.
Riz	23,870	..	..	1,486,383	3.697	..	..	3,694
Arachides { Décortiquées	85,696	..	..	22,738,142	14,144,000	..	..	7,198,727
{ En Cosses	2,571,408	..	..	539,935	..	..	..	..
Tissus	1,369,694	..	..	9,074,889	3.170.785	..	..	13,877,112
Fils de Coton	1,319,000	..	..	1,999,256	346,000	..	..	784,769

IV.—VOIES DE COMMUNICATION.

PONDICHÉRY.

+Un embranchement à voie étroite de 1m00 relie Pondichéry à Villapuram, station de la grande ligne anglaise de Madras à Dhanaskodi.

PONDICHERY — BOUTIQUES INDIGENES.

Cet embranchement, ouvert à l'exploitation le 15 Décembre 1879, mesure une longueur de 12^{km} 633 en territoire français et dessert les Communes de Tirou-bouvané, Villenour, Oulgaret et Modéliarpeth.

CHANDERNAGOR.

Chandernagor est relié à l'Hoogly au Nord et à Calcutta au Sud par la voie ferrée anglaise (E. I. Rail-way). La distance de notre comptoir à Calcuttta est de 33 kilomètres. Si le chiffre des marchandises transportées de Chandernagor ou à destination de cette ville est à peu près insignifiant, il n'en est pas de même des voyageurs, dont le nombre, soit à l'aller, soit au retour, peut être évalué journellement à 5 ou 600.

PONDICHERY — LE "PIER."

A côté du chemin de fer, il faut citer la voie navigable, l'Hoogly, qui relie également Chandernagor et Calcutta. La distance par le cours du fleuve est d'environ 40 kilomètres et le trajet à l'aide de la marée descendante dure environ 3 heures. Le fleuve est remonté en toute saison jusqu'au dessus de Chandernagor par des vapeurs qui profitent du tirant d'eau, lequel est en toute saison de 3 mètres au moins. On sait que l'Hoogly borde le territoire français sur une ligne courbe longue de 4 kil 700. A part les vapeurs anglais, les bateaux qui y circulent ne sont que des bacs transportant péniblement passagers et marchandises. Le seul vapeur français que l'on puisse citer est une chaloupe appartenant à la Société industrielle.

YANAON.

Le territoire de Yanaon est traversé par une route qui aboutit à la ville anglaise de Cocanada située à 27 kilomètres et qui est desservie par un embranchement de ligne de chemin de fer, dérivant de la grande ligne East Coast Railway à la gare jonction de Samalkott.

MAHE.

Il n'en est heureusement pas de même à Mahé. L'établissement est, en effet, traversé par 4 routes, qui sont à la charge du service local, mais dont l'entretien nécessite des réparations constantes.

Ces routes sont les suivantes :

1°	la route de Calicut	1,534 mètres
2°	„ des Aldées	
3°	„ de Calaye à Pallour .	3,726 „
4°	„ de Pallour à Pandaquel	3,406 „

Longueur totale . . 8,666 métres

La route qui conduit du territoire anglais aux aldées françaises est très accidentée et a nécessité, à plusieurs reprises, d'importants travaux de nivellement. Celle de Calicut, traversée de jour et de nuit par des voitures lourdement chargées, exige aussi une surveillance étroite. Les transports se font par bêtes de somme ou par porteurs, sauf cependant aux environs de la riviére de Mahé que parcourent, au nombre de 10 à 20 par jour, de petites embarcations qui transportent du coco et du coprah.

KARIKAL.

Le commerce de Karikal se fait presque exclusivement par navires. L'exportation du riz, qui est le principal ou mieux le seul trafic de l'établissement, se fait par l'intermédiaire des bateaux à vapeur appartenant à des compagnies anglaises et qui depuis vingt-cinq ans ont remplacé les voiliers qui assuraient les communications avec Colombo ; toutefois le territoire de Karikal est traversé par 5 routes :

    1° Route de Nagour . . . 10,770 Kilométres.
    2° Séchamoulé . . . . . 10,135 „
    3° Ambagarattour . . . . 14,770 „
    4° Nédouncadou . . . . . 14,770 „
    5° Porbar . . . . 10,145 „

BATELIERS INDIGENES.

Les transports se font par chariots attelés de 2 boeufs mais le prix de ces transports n'est pas fixe et varie suivant les saisons. Tous les arrivages proviennent du territoire anglais.

L'établissement de Karikal est desservi par un embranchement de chemin de fer relié à la ligne anglaise de Mayavaram à Moutoupeth à la station de Péralam.

Cet embranchement qui a été livré au public le 14 Mars 1898 mesure une longueur de 23^{km} 577 dont 8^{km} 000 environ sur territoire anglais. En dehors des gares, têtes de ligne, de Karikal et de Péralam, il dessert quatre stations, Poréar-Road, Tirnoular, Pattacoudy et Ambagarattour.

—

CULTES.

Si l'on croit les ouvrages sacrés et notamment les ouvrages pouraniques, le *Brahmanisme* était, aus temps les plus reculés, la seule religion pratiquée daus l'Inde.

Il en a été ainsi jusqu'aux VIᵉ et Vᵉ siècles avant l'Ere chrétieune, où Maha Vira et Gautama Boudha Cakya-mouni, ont fondé le premier le Jaïnisme, en l'an 527, le second le *Boudhisme*, vers l'an 487.

L'Islamisme a fait son apparition vers le XIIIᵉ siècle, enfin, le *Catholicisme* et le *Protestantisme* ont été prêchés, aux XVIᵉ et XVIIᵉ siècles par des missionnaires portugais, français et anglais.

Au point de vue religieux, la population de l'Inde Française se répartit comme suit :

Désignation des Etablissements	Brah-mani-ques	Chré-tiens	Musul-mans	Total
Pondichéry . .	154,092	16,024	4,227	174,343
Karikal . . .	40,892	6,932	6,932	54,356
Chandernagor .	22,197	503	2,723	25,423
Mahé	7,607	441	2,779	10,827
Yanaon	4,190	141	299	4,630
	228,978	23,641	16,960	269,579

A) BRAHMANISME.

Le Brahmanisme ou l'hindouisme pour employer l'acception moderne, est une religion dont l'origine aryenne se confond avec celle de la race de ce nom et remonte par suite à une époque très reculée.

VILLANOUR — BASSIN CENTRAL ET " COBURAM " (TOUR SURMONTANT LA PORTE PRINCIPALE) DE LA PAGODE KOKILAMBALLE.

Divisé en deux grandes sectes au point de vue rituel (le Sivaïsme et le Vishnouvisme) et en trois systèmes au point de vue métaphysique (Advaïta, Visishtadvaïta and Dvaïta) l'hindouisme est basé sur les Écritures sacrées de l'Inde, connues sous le nom de Vêdas, Oupanishads, Pouranas, etc.

Ces mêmes écritures sont envisagées également tantôt comme un système exotérique (rituel, cérénomies, ablutions, etc.,) nécessaire pour la masse amie des manifestations extérieures, tantôt comme un système ésotérique, pour les intellectuels et les mystiques. C'est le côté exotérique qui a toujours prévalu dans l'histoire et a fait le bon ou le mauvais renom d'une religion.

Bien des siècles avant l'ère chrétienne, le brahmanisme était devenu un moyen d'administration de la population par la classe sacerdotale. Une réaction devait s'en suivre. Elle se produisit avec le Boudhisme.

Un jeune prince du Nord de l'Inde, du nom de Siddharta, renonça au trône et, après avoir cherché et trouvé, dit la légende, la vérité, après être devenu Bouddha, parcourut l'Inde en prêchant sa doctrine de la Bonne Loi. Tout en reconnaissant la valeur des enseignements védiques, il condamnait nettement les moyens expiatoires avec lesquels le monde croyait pouvoir se tirer à bon compte de ses forfaits.

Il inaugura ainsi une ère de philanthropie qui, malheureusemeut, ne dura pas longtemps après lui.

La classe des brahmes, dont il avait dénoncé les agissements, s'avisa de le canoniser et de faire de lui un Avatar de Vishnou. On démontra que les principes émis par Bouddha étaient déjà inscrits dans les Védas et le bouddhisme ainsi interprété n'eut plus alors sa raison d'être comme religion antagoniste.

Sous le coup des invasions étrangères dans le Nord de l'Inde, sous la pression des brahmes et celle de la population qui dans le sud de la Péninsule revenait à grandes cérémonies et manifestations extérieures les adeptes du boudhisme sortirent de l'Hindoustan et s'expatrièrent vers Ceylan, la Birmanie et l'Extrême-Orient.

De riches monuments pour le culte s'érigèrent et de grandes fêtes solennelles furent instituées. Celles-ci conservent aujourd'hui encore, un peu de leur ancienne pompe et de leur caractère sacré, malgré les vagues successives de religions étrangères et les luttes intestines des diverses sectes du brahmanisme.

B) ISLAMISME.

Dès la création des Etablissements français, les musulmans y existent et servent la Compagnie la plupart comme soldats.

Les mosquées Mirapalli et Cottourapalli sont très anciennes. A Karikal, les musulmans sont nombreux et fort riches.

Des conversions ont été faites à Mahé en 1783 et 1789, par Haider Alikhan et son fils Typou Sahib.

PONDICHERY MOSQUE.

C) CULTES CHRÉTIENS.

Culte Catholique.—A la suite d'un arrangement intervenu entre le Gouvernement de la République et le

Saint-Siège, le 1er Septembre 1886, la préfecture aposto-
lique sous la direction et la surveillance de laquelle se
trouvait primitivement placé le service du culte catholique dans les Etablissements français a été abolie.

La province ecclésiastique dont Pondichéry est deve-
nue la Métropole comprend les diocèses de Pondichéry,
Mysore, Coimbatore, Malacca et Kumbakonam.

Il existe à Pondichéry un couvent de carmélites indigènes qui sont vouées à la vie contemplative et deux
autres congrégations de religieuses natives qui dirigent
des écoles, des orphelinats et des maisons de refuge.

PONDICHERY — EGLISE N. D. DES ANGES.

La Congrégation de Saint-Joseph de Cluny compte,
dans nos Etablissements à Pondichéry, à Chandernagor,
à Karikal et à Mahé des Sœurs qui tiennent des asiles,
desservent des hospices et un hôpital et dirigent des
écoles.

Il existe à Pondichéry un grand et un petit Séminaires.

Historique.—Sur l'initiative de François Martin, des Pères Capucins établis à Madras depuis 1642, vinrent en 1676 se fixer à Pondichéry et construisirent dans le fort une église dite Chapelle Saint Louis où fut enterré François Martin.

Louis XIV, constatant l'influence acquise par la Mission portugaise du Maduré obtint de la Cour de Rome une mission analogue pour "tous lieux et terres pouvant se réclamer de l'influence française".

Cette mission qui prit le nom de Mission du Carnate fût immédiatement en but à la rivalité de la mission portugaise rivale. Une entente finit toutefois par s'établir et la Mission française put obtenir comme limites une ligne droite partant de Pondichéry jusqu'au Mysore puis une autre vers le Nord presque droite.

abandonnant tous les territoires compris entre cette ligne et la mer, c'est-à-dire tout le Deccan.

La Compagnie fut également chargée des établissements français dans le Bengale.

A la suite de la suppression de la Compagnie de Jésus, la Mission prit le titre de Mission Malabar et fut confirmée dans ces privilèges en 1774.

Toutefois, les poursuites contre la Compagnie ayant repris, la Mission Malabar dut s'amalgamer avec les Missions Etrangères.

Situation actuelle.—Les Missions françaises actuelles ont la charge spirituelle de près de 700,000 chrétiens.

Leur influence morale et intellectuelle se fait sentir par l'Enseignement à tous les degrés.

Deux collèges préparant immédiatement aux grades universitaires à Trichinopoly et à Bangalore comptent le premier 1,000 le second 400 élèves.

Une quarantaine d'écoles secondaires (cours intermédiaire entre l'enseignement primaire et le Collège) sont fréquentées par plus de 20,000 élèves. Les missions françaises dirigent en outre plus de 2,000 écoles primaires avec 70,000 élèves, 45 orphelinats comptant 5,000 enfants, des écoles industrielles et enfin deux Séminaires pour le clergé indigène.

Culte Protestant.—Les protestants sont peu nombreux même à Pondichéry et en majorité de nationalité anglaise.

Un arrêté local du 12 Septembre 1844 a autorisé la construction d'une chapelle dans cette ville.

La chapelle actuelle a été consacrée en 1881.

TABLE DES MATIÈRES.

PAGES.

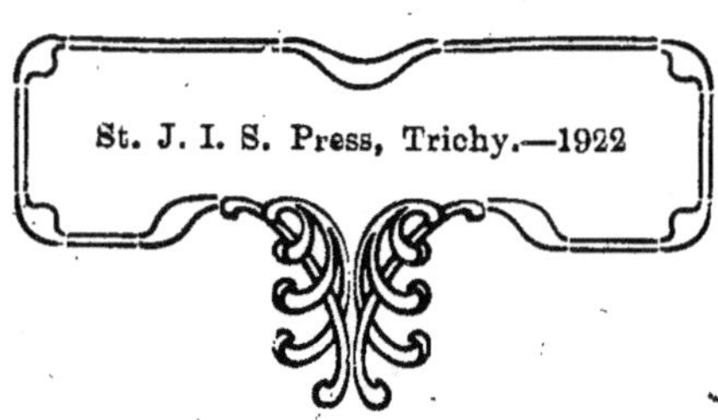
St. J. I. S. Press, Trichy.—1922

www.ingramcontent.com/pod-product-compliance
Lightning Source LLC
LaVergne TN
LVHW021449170726
843501LV00005B/1565